塑心炼课

中国美术学院
课程思政优秀教学案例

陈正达　主编

中国美术学院出版社

编委会

正心诚意 真心实意

——对艺术教育课程思政的三点思考

高世名

钱钟书先生《谈艺录》中有一则笔记题为"水清石见与水中着盐"，主要讲作诗之法，即如何把道理和典故自然而然地蕴藉于诗句之中。我以为这个题目正可拿来探讨当今艺术教育的课程思政教学。

高校中的课程思政教育，关键是将思政教育与专业教学深度融通，使思政内涵像空气一般弥漫在学院生活之中，做到"水中着盐"——看上去无形无色，尝起来有滋有味。如此这般，课程思政才能做到正心诚意、真心实意。

结合中国美术学院这些年来的实践，我想从三个方面分享对于高等院校尤其是艺术院校课程思政教学的看法。

一
把握艺术本色，结合艺术创作与专业学习，通过学校自身的道义传承，开展全方位思政育人工作。

中国高等教育的根本目的是培养"德智体美劳全面发展的社会主义建设者和接班人"，以及培养"担当民族复兴大任的时代新人"。这就需要我们一方面坚持"以人民为中心"的社会主义教育根本立场，引导学生深入学习"四史"，对中国特色社会主义事业产生真正的历史理解和情感认同；另一方面，坚定文化自信，涵养家国情怀，使学生对中国优秀传统文化有较为全面的认识、较深入之体会，增强民族文化自豪感与自信心。

在坚定文化自信方面，艺术院校有得天独厚的优势，一代代前辈大师就是最好的教材。比如两度担任中国美术学院校长的潘天寿先生，他在民族危难之际以国族之画光大国人心志，在世界艺术大格局中弘扬中国精神，建构起中国传统艺术在现代教育体系内传承和发展的人文系统。潘先生画中清刚正大、峻拔雄强的风格，其"至大、至刚、至中、至正"的风骨，恰是我们这个时代所提倡和需求的精神品质。

在党史教育方面，最好的方式是结合艺术自身的历史，让学生经由前辈作品产生专业代入感，继而产生价值认同感。就美术学院而论，就是让学生通过画史理解党史，通过党史解读画史。从《启航》到《南昌起义》，从《英勇不屈》到《开国大典》，从《粒粒皆辛苦》到《两山理论》……现代美术的百年历史进程中，中国美术学院几代艺术家以如椽画笔和满腔热诚，以党史为题创作出一套感人至深、气势恢宏的精神图谱。这一件件技艺精湛的传世之作，是最直观、最动人的党史教材。

2021年，为庆祝党的百年华诞，国美师生创作了一系列精品力作。绘画团队创作了32件党史题材美术作品，陈列在中国共产党历史展览馆。雕塑家们创作了中央党史馆前广场的大型纪念碑雕塑《攻坚》，讴歌我党百年来的伟大斗争。媒体艺术专业的师生们创作了反映首部《党章》的戏剧《辅德里》，在全国巡演近百场。影视专业师生团队以红军"挺进师"为题材，创作了艺术电影《云霄之上》，荣获北京国际电影节"最佳影片奖""最佳摄影奖""最佳男主角奖"三项大奖，成为2021年度中国电影界最大的黑马。艺术家们现身说法，以自己的艺术创作为个案，与全校师生分享他们对党史的理解、对习总书记文艺思想的切身体会，形成一堂堂别开生面的"艺术党课"，极大地激发起青年学子对党史学习的兴趣和对主题创作的热情。

难能可贵的是，通过党史学习，同学们在自己身上慢慢养成了一种发自内心的认同感和历史感。对于今天的学生们来说，投身主题性创作的难度不在技巧，而在历史理解和情感的响应。一言以蔽之，就是要感同身受。要画出历史必先感知历史，要感知历史必先投身其中，成为历史的剧中人，才能够体会到事件所汇集到的历史动力、价值和激情，作品才会有力量有深度。在历史的长河中，艺术家应该像一块礁石，在斗争的洪流中撞击、绽放出精神的浪花，只有这样，才能将历史的真实和心灵的真实统一起来，才能从历史性中凝聚出精神性。

二
从切身境遇中培养起"同情之理解"，
在返身以诚中开启自我，做到正心诚意、真心实意。

去年，我在新生开学讲话中谈到当代青年的一种独特人格：放任自流却又循规蹈矩；幻想经历全世界的精彩，却又是终日低头族和宅男宅女；被过早培训成"人生的精算师"，同时又是"无目的的人"。我想这是困扰着许多大学教师的问题。但教书育人岂不就是要培养学生们的现实感觉和自知自识的能力，我们的职责道义不就是要开启一种"向他者开放、对自我负责"的人格与心灵？

这两年疫情的流行，让我们每个人都感受到了切肤之痛，感受到了人类命运共同体的内涵与分量，也更真切地感受到了鲁迅先生所说的"无尽的远方，无数的人们，都与我有关"。这场疫情带给我们一种真切的社会感知，一种博大的同情与共情。在我看来，这就是最真实、最切身的思想政治教育！这次疫情是一次重要的契机，加深了我们每个人对生与死的感知、对他者的关爱、对社会的理解以及对价值的思考。我们欣喜地看到，无数青年学子在疫情中学会了理解自己的家人，关爱自己的邻人，学会了在真实的生活世界中照见自身，在社会的感知中返身以诚——他们迈出了"为人生而艺术"的第一步。

艺术作为生活的回声，始自对现实的沉思。艺术要成其大者，必须要承载人道。为人生而艺术，首先就要对人感兴趣，对人之为人有所思考、有所领悟。恰是凭借艺术的特色和优势，艺术教育工作者深度挖掘提炼专业知识体系中所蕴含的思想价值和精神内涵，深化专业课程深度的同时，不断提升课程思政教育的温度。举一个教学中的例子：这几年，跨媒体艺术学院的"叙事工程"课，以"家庭编年史"的方式，成功唤起了学生们对"我之由来"的体认。我们知道，每个"90后""00后"出生的青年人，只要把自己的家史上溯三代，都可以钩沉出一部动人的中国现代史，一部中国人的"存在志"。牟森教授的课就是引导同学们访谈自己的长辈亲人，从自己身上发掘出家国的历史脉络，在这个基础上进行历史分析和剧本创作。在课程中师生们形成了一个认知与理解的共同体。同学们意识到，自我的开启需要诉诸对家人、邻人、友人与国人的理解，需要在回溯与叙事中、从"我"的历史中透视出复杂的社会进程。

三
扎根中国大地办教育，引导学生深入时代现场，在当代中国人生存和发展的现实中感通"人民之心"。

近年来，中国美术学院提出"以乡土为学院"，在乡土文化和社会进程中感通人民之心。一方面，通过田野工作开展"社会素描"，把下乡采风深化为有方法、成系统的现实行动，推进艺术的社会感知与社会参与。另一方面，在城、乡、市、镇设立星罗棋布的"乡土学院"研学基地，形成扎根中国大地办教育的社会网络。其目的是把中国社会发展的"最前线"作为艺术人才培养和艺术家自我实现的大现场，继而打通学科的知识、社会的知识和生活的知识。

作为教育者，我们需要认真思考：如何从吾土吾民的真实生活出发，去实践一种与学科体系全然不同的自我教育、自我生产的社会系统？扎根中国大地的艺术教育，是一个艺术教育与乡土社会双向塑造、互相成就的过程。这是使艺术回归到真实生活世界的途径，也是学院突破"学术工业"的知识生产和西方艺术建制的途径，更是中国特色社会主义艺术教育自主建设的途径。

艺术院校的学生更加注重自我和个性的表达，对此我们要引导他们在社会大现场中敞开胸襟，用乡土新经验贯通群我。以乡土为学院，就是要培养青年学生对中国社会的感知力和认同感，提升他们的社会关怀与家国情怀，也就是要培养充分融入日常生活的艺术理想，开展深度参与社会进程的艺术教育。

以乡土学院网络建构起感知社会、参与社会的毛细血管，师生们"下乡"就不再是简单的写生采风，不再只是换个对象，而是以扎根社会的深度和广度，对当代社会生活进行全景式感知和显微式剖析。在乡土学院研学，学生们需要深入村镇社区的现实肌理，深入乡土生活的日常场景，深入生产建设第一线。他们通过实地讲解、考察调研、口述史、纪录片等各种形式，以"一生一本"为载体完成在地研究；通过项目任务、现场作业、小组讨论等多种形式，提炼当地的传统工艺、地方知识、民间记忆，扩充多样化的艺术知识。力求做到五育融合、身心发动，用鲜活的经验磨炼感受力，用生活的常情常理提升判断力，用生活的真实加深表现力，用丰富的生活百态打开想象力，用民间的智慧激发创造力。

十年来，中国美术学院在全国各地的城乡村镇建立起 120 余个乡土研习基地，先后有 8 万人次奔赴全国 28 个省区开展实践教学活动。美院师生们以艺术劳作参与乡土重建，以社会美育滋养个体心性，形成了心灵塑造与专业精进的同构。2011 年，800 名国美师生以"八八战略"为主题，深入浙江省发展建设"最前线"开展调研与创作，纪念建党 90 周年。2015 年，学院以"绘兵纪"为主题，为 2000 余名抗战老兵造像，纪念抗日战争胜利 70 周年。2019 年，以"五水共治"为主题，1500 名师生奔赴浙江八大水系，绘制风景、肖像、治水事迹等作品千余幅，见证和诠释"绿水青山就是金山银山"的新发展理念。学生深度参与完成全国城市美学、特色小镇、美丽乡村建设提升服务项目 536 项；获省级以上各类采风创作和城乡规划设计类奖项 400 余项。国美学子自主发起的"千村千生"计划坚持十余年，被评为"全国百佳志愿服务项目"。

　　以乡土为学院，思政教育就这样融入扎根中国大地的专业实践教学之中。随着国美学子们的足迹，思政教学延伸到数以百计的城乡村镇，深度对接乡村振兴、城市更新和美丽中国建设，焕发出社会实践的力量。近年来，中国美院师生团队在乡土研学过程中，逐步发掘出了"城乡片段""存量建筑""乡土修复"等艺术新命题，形成了"自然建造""生态织造"等设计新方法，总结出"山水城乡"四方融合、"文教商旅"四维联动的发展新模式。通过这些新命题、新方法和新模式，我们正在逐渐建立起一种扎根中国大地的现实路径，在新时代中国特色社会主义蓬勃发展的社会现场中，进行形形色色"接地气"的课程思政教学，去创造与人民血肉相连的艺术，去开展与时代同频共振的教育。

目录

正心诚意　真心实意

　　——对艺术教育课程思政的三点思考　/　高世名 ⋯⋯⋯⋯⋯⋯⋯⋯⋯⋯⋯⋯⋯ Ⅰ

1·色彩

　　——油画写生语言课程思政教学案例　/　何红舟 ⋯⋯⋯⋯⋯⋯⋯⋯⋯⋯⋯⋯⋯ 1

2·在"情境性绘画写生"中践行红船精神　/　邬大勇 ⋯⋯⋯⋯⋯⋯⋯⋯⋯⋯⋯ 9

3·上山下乡

　　——中国美术学院社会实践课程育人内涵　/　佟　飚　郑端祥　李　沐 ⋯⋯⋯ 15

4·下乡社会实践　/　李　沐 ⋯⋯⋯⋯⋯⋯⋯⋯⋯⋯⋯⋯⋯⋯⋯⋯⋯⋯⋯⋯⋯ 23

5·中国传统书画基础　/　王　異 ⋯⋯⋯⋯⋯⋯⋯⋯⋯⋯⋯⋯⋯⋯⋯⋯⋯⋯⋯ 29

6·在大学生摄影教育中践行首创精神　/　刘　阳 ⋯⋯⋯⋯⋯⋯⋯⋯⋯⋯⋯⋯ 35

7·"活化传统"方法论与实践　/　何士扬 ⋯⋯⋯⋯⋯⋯⋯⋯⋯⋯⋯⋯⋯⋯⋯⋯ 39

8·为人民群众幸福生活拼搏、奉献、服务

　　——以改善社会问题为目标的"多维设计与策划"课程教学实践　/　陈正达 ⋯⋯ 45

9·东方视觉与现代传播　/　胡　珂 ⋯⋯⋯⋯⋯⋯⋯⋯⋯⋯⋯⋯⋯⋯⋯⋯⋯⋯ 53

10·室内纺织品纹样设计　/　郎　青 ⋯⋯⋯⋯⋯⋯⋯⋯⋯⋯⋯⋯⋯⋯⋯⋯⋯⋯ 59

11·日用器皿　/　周　武 ⋯⋯⋯⋯⋯⋯⋯⋯⋯⋯⋯⋯⋯⋯⋯⋯⋯⋯⋯⋯⋯⋯⋯ 65

12·玻璃铸造 Ⅲ　/　李玉普 ⋯⋯⋯⋯⋯⋯⋯⋯⋯⋯⋯⋯⋯⋯⋯⋯⋯⋯⋯⋯⋯⋯ 71

13 · 辨通素养 / 王 昶 77

14 · 空间的感性调研 / 赵 明 89

15 · 以红船精神赋能"互动叙事" / 童元园 97

16 · 影视广告策划与创意 / 杨晨曦 105

17 · 中国美术考古 / 张书彬 111

18 · 兴造的开端
　　——园宅与院宅 / 宋曙华 117

19 · 微城市 · 聚落：新型城镇化建设实验 / 陈 柯 123

20 · 大学生心理健康
　　——艺术心理疗愈的理论与实践 / 刘 迪 143

色彩
——油画写生语言课程思政教学案例

何红舟

01

一、课程简介

课程面向本科二、三年级授课，也渗透于本科毕业创作课程及研究生课程教学中，是油画系本科教学的核心环节，属专业必修课。

课程开设目的在于秉承"劳作上手，读书养心"的培养定位，以"品学通、艺理通、古今通、中外通"为培养目标，结合"一流大学"建设，在教学、创作、展览中融入思政元素，将立德树人融入教学，使思想教育与专业教学同向同行，形成典型艺术教育特色的课程思政教学育人模式。

课程主要内容以人物写生为中心，横向沟通素描基础教学，纵向直指专业创作能力的培养，承上启下，两端深入，尤其侧重色彩在油画写生中的核心地位。以灵活的课题化作业设置，将色彩个性的开启融入教学实践。高扬中国传统绘画的写意精神，强调视觉观看的凝聚力、色彩语言的表现力以及形色兼顾的概括力，注重色彩的独立审美价值及绘画中的书写性笔意，凸显油画的语言品格。

课程特色强调扎根生活大地，在实践中积累创作素材。包含下乡色彩写生课程，展开社会考察和生活体验，也包含情境性绘画写生课程，密切联系主题教育，培养学生的艺术担当与家国情怀。不断坚持"以人民为中心"的文艺思想，引导师生探寻社会主义核心价值观在绘画作品中的视觉表达。

二、课程挖掘的思政资源分析

色彩油画写生课程所包含的下乡色彩写生和田野调研课程，始终坚守民学与乡土的根基，牢记"文艺战线是党和人民重要战线"的方针，将思政课程融入乡土社会，把中国大地、乡土人文作为实践课堂的材料与道具，把最具艺术学科特色的"下乡写生"传统深化为田野调研与乡土重建，引领学生投身中国社会发展最前线，构建思政课程实践教学育人全流程。

以"人民之心"深入人民群众，将德育与美育结合。以"浙江省大学生课外教学实践基地""暑期社会实践基地"等优秀实践基地为依托，以建党百年来的中国发展成就为资源，以习近平总书记关于文艺创作的讲话精神为指引，面对时代重托、人民希望、党的嘱托的历史时刻，关注社会，服务人民，为时代造像，为人民创作。

下乡写生课程连接了相关的绘画实践活动，本身就具备极强的思政成分，这些活动包括"百名师生画百名将士"为一百名守岛官兵造像，"绘兵纪"为两千名浙江抗战老兵造像，师生用手中画笔记录基层最美河长、最美河工、最美志愿者的"最前线"活动等。以"最前线"深入时代主旋律，深入时代大需求，将学生个人专业学习与表现美丽中国紧密融合，促进学生的道德教育与专业美育同频共振，引导学生将个人专业学习与社会服务、国家发展相结合，深度赋予专业课程价值引领重任，切实提升育人实效。

下乡色彩写生课程又以"星空下的思政"深入社会生活。田间地头，桑竹阡陌，思政育人如盐溶水，流淌到村舍农居，浸润到学生心间。开展思政理论与实践教学有机融合的新探索，让课堂走出学校，入驻乡村。在下乡的田野调研课程中，进一步"贴近实际、贴近生活、贴近群众"，邀请深度参与社会公共文化建设的专家学者、政府官员、农村党支部书记、返乡创业者、地方志编纂者、普通村民等走上讲台，讲授思政理论，成为学校专业实践教学中独具思政特色的一支特殊的教学力量。这种以"星空下的思政课"为代表的下乡实践课程思政模式，是推动本土"文化自信"和"传统活化"的具体课程和教学实践，它对于中国高等美术基础教育的改革和创新，对于新时代大学生文化根性的培养，具有重要的示范与引导意义。

色彩油画写生课程所包含的情境性绘画写生课程，是通过将思想引导与价值塑造融入具体课程的方式，真正落实课程思政；通过以研促教的实践路径，进一步活化课程思政。紧紧围绕知识传授、价值塑造、能力培养三个维度，落实立德树人根本任务。该课程的授课教师皆具有国家及省部级重大题材美术创作的丰富经验，能将个人创作思考和经验带入课堂，以创作反哺教学、活化课程思政。具体通过提炼课程写生场景的思政主题，围绕历史语境、现实关照、生活寓意等方面展开，以设置近代史情节（抗战、党史）、歌颂现实生活和普通劳动者的情境为切入点，全面培养学生的担当、奉献和奋斗精神。师生共同构建情境的过程，就是观察现实、思考历史、塑造价值的思政过程。课程中不断深化顶层设计，强化思政育人理念，明确为重大题材美术创作的培养与项目导引机制服务，让同学们将课程作业直接转化为创作实践，以具有鲜明时代气息的绘画作品反映当下。

三、案例课信息

（一）教学目标

1. 价值目标

通过色彩油画写生语言课程的相关授课，以课程中的思政元素引导学生树立正确的人生观、价值观和艺术创作观。培养学生的社会责任和家国情怀，创作具有深刻人文关怀和社会主义价值观的绘画创作；以人民之心、文化使命与文化兴国为担当，最终为"两个一百年"奋斗目标与中华民族伟大复兴的中国梦助力。

2. 知识目标

通过色彩油画写生语言课程的相关授课，学生以写生的方式达到对色彩自然现象规律性的认识，在现实生活中感受色彩，从写生中认识色彩规律，把握色彩关系并结合色彩艺术规律的课题研究，逐渐掌握个人视觉体验基础上的综合表现能力。包括能正确理解色彩与油画技法、色彩与素描关系的相互作用，充分认识物质材料的传统性和表现技能的多样性及其内在的关系，在训练主体的色彩感受中不断提高色彩素养，开拓与丰富油画的表现语言。

3. 能力目标

通过色彩油画写生语言课程的相关授课，学生能熟练运用油画材质和工具，营造出独立的审美意识，牢固掌握坚实的油画基础及创造能力。通过色彩训练让学生较好地掌握色彩的综合表现能力，深入了解油画传统及学派发展，在实践中熟练运用油画表现技法，在写生中体验和感受色彩关系，具备较高的以色彩塑造形体的表现技能。培养具备坚实的造型基本功、纯正的艺术品格和担当精神的新时代历史与主题性油画创作的新型人才。

（二）教学内容

1. 课堂设计思路

课程（以下乡色彩写生及田野调研课程为例）设计思路合理分布，以由浅入深、突出重点、循序渐进的原则分三个阶段实施: 首先，完成二、三年级下学期的下乡色彩写生及田野调研课程授课；其次，结合下乡对生活的感受完成创作课程，二年级创作以风景组画为主，三年级以带环境的肖像为主；最后，重视田野调研，遵循创作规律，通过解读名作、田野调研专题讲座、参观展览、课题讨论和绘画实践，着实解决创作课题面临的各种技术问题，以提高色彩创作的整体水平。

2. 教学重点

社会实践和学习中外传统色彩写生技能，是课堂教学的有效补充，引导学生不断地把视角从课堂延伸到生活的各个层面，努力发掘具有时代特征的创造因素。把握视觉创造因素的内在活力，认识传承与创新的关系，关注现实，体验生活，关心田野调研中的社会发展脉络，认真研究艺术创造中值得思辨的课题，在色彩写生实践中提高一定的理论水平和艺术素质。

3. 教学难点

该课程由于是外出调研和色彩写生实践相结合的，时间长，变数多，受各种主客观条件影响，因此对于学生的基础技能、艺术素质、文化修养、心理反应、理论水平来说都会有较高的要求，需要学生在写生过程中通过不同程度的整理、概括、提炼把学术探讨和课题研究的水平逐渐提高到一个应有的阶段。

4. 对重点、难点的处理

课程注意因势利导、因人而异，掌握学生不同的气质和特点，在科学的课程流程中发掘创造潜能，在与学生轻松的对话和探讨中，使个性特质得到合理发挥。教导学生在无序的自然景象中，寻找色调的秩序组合和色彩的空间组合。强调视角的独特性，强调构成画面的形式语言，强调探索个人的技法语言。引导和要求学生通过一定量的速写和油画风景写生，探索个人的不同视觉感受，完成从教室规定性行为向自主发现的转变，积累从生活到创作的循序渐进的创造活动的基本体验。

（三）教学方法

1. 教学过程

下乡色彩写生和田野调研，强调面对生活，走进自然，关注社会，关注他人的生存状态。培养学生的敏锐观察能力，学会在平凡日常生活之中见新意、见真相。并通过素材的收集、资料的整理、作品的实现来积累创作活动的基本经验。

2. 教学方法

课程时间三周（60 学时），以风景画为主要教授课程，关于风景绘画的基本法则以及风景写生牵涉的视觉呈现、画面构成等问题，均由带队教师在实地进行讲授和辅导。选择有特点的地域，使学生从了解地域风貌、人文传统入手，学习在自然中发现事物的呈现规律，通过面向自然、对景写生的过程，学会将课堂积累的视觉经验、表现技能应用到课外的写生之中，并在写生之中学习选择题材、构建画面。完成 5 幅以上的作品，一篇 2000 字以上的心得文章。

3. 教学活动设计

以使学生学习如何从社会实践和自己的日常生活入手深入观察，用心体验，积累素材，最终确定自己的艺术方向为目的。因此，强调在社会实践过程中关注社会、关注他人，努力发掘具有时代精神的创作因素，同时也强调学生关注自身的生活体验（它更直接更重要），培养学生的敏锐观察力，在平凡之中见新意、见真象。正确地认识传统和创新的关系，对中外的优秀的艺术传统进行有选择、有重点的研究，把握油画写生的基本规律，把握视觉创造活动的内在性质，不断地研究、探索和明确自己的生活观察和艺术表现方式。强调艺术理论学习对艺术的创作实践有重要推动意义，教师须指导学生进行自选理论课题的研究。同时强调理论必须和自身的创作实践紧密结合，反对夸夸其谈，脱离实际。

4. 课程思政理念及分析

课程秉承"劳作上手，读书养心"的培养定位，以"品学通、艺理通、古今通、中外通"为培养目标，结合"一流大学"建设，在教学、创作、展览中融入思政元素，将立德树人融入教学，使思想教育与专业教学同向同行，形成典型艺术教育特色的课程思政教学育人模式。课程通过下乡色彩写生及田野调研，扎根生活大地，构建乡土育人教学模式。坚持"生活在哪里，课堂就在哪里"。深入乡村腹地、企业单位，将社会乡村、寻常人家作为教学和创作的源头活水，在实践中积累创作素材，进行写生采风、社会考察、体验生活、艺术创作。开展主题教学与创作，培养学生艺术担当与家国情怀；坚持"以人民为中心"的文艺思想，引导师生探寻社会主义核心价值观在文艺作品中的视觉表达；通过主题创作深入人民群众之中，寻找"艺术之魂"；领悟讲话精神，指导创作实践，提升思想认识和专业水平；强化经典习习与传统活化，引导根性培育。中华优秀传统文化是涵养社会主义价值观的重要源泉，课程既强调写生语言的扎实基础，又强调深扎传统文化，以历史题材为主线，思考练习，浸润心灵。课程学脉悠长，曾经参与本课程教学的先师们，创作出了《人道》《岳飞班师》《南昌起义》《娄山关》《拂晓》《开国大典》《地道战》等家喻户晓的红色经典作品，先师们学以致用的态度，使得本课程的历史沿革更加丰厚。

（四）教学评价

该课程以写生教学为核心，主张因材施教，以因势利导、集体评议的原则为导向。通过写生示范、名作解析、导师点评等方式方法，激发学生的表现欲望，重视学生个体差异，强调思想升华。课程评分时，注重专业性与思想性相结合、技巧性和感知性相结合、表现力与创作观相结合，充分将课程思政内容和育人成效反映在教学评价中。课程每年通过中国美术学院的"冬查夏展"教学检查的传统方式，检验课程教学质量，并对文化建设的核心展开评价。课程应具备落实立德树人、推动创新创业、培养一流艺术人才的鲜明特色。每年的课程展示通过作业互评、师生互动、特色互鉴，构建以专业教学和课程为中心的跨学科跨专业师生交流机制。吸引校内外师生和关心艺术发展的各界人士，围绕课程教学开展一系列评价活动，促进校内教师和同行专家就艺术前沿热烈研讨。进一步以教研活动反哺教学一线，形成"一元多层次"辐射全国美术院校的国美教学特色，在中国高校美育课程中起到示范作用。

（五）教学创新

本课程教学具有悠久的历史和深厚的历史沿革，并不断与时俱进、探索创新，通过以研创促教学、师生协同创作等教学实践机制，全面提升教学团队的主题性美术创作的研究与创作水平，为国家输送了大批主题性创作青年生力军，创造了国博中的"国美现象"。在教学和创作环节，师生借助油画形象化、丰富性的特点，表现精深思想，润物无声，增强了思想的可读性和渗透性。通过下乡采风、色彩写生的方式开展实践教学，帮助学生更加深入理解、更加精准回应时代需求和人民心声，增强了专业教学的实践性和人民性。课程展充分利用授课教师历史画研究和创作的优势，以建党百年为题，完成17件印满历史痕迹的优秀创作参展。展览期间，邀请获得优秀作品的学生结合学习党的精神的感想，与党员和入党积极分子展开讨论，将红色丹青的创作思路和红色精神传达给师生党员。把专业和理论教学结合，把党建、思政工作和专业教学有机融合。

本课程更紧密联系现实，面对疫情暴发的重大事件，师生用画笔唤起对"共同生活"的深度理解，结合下乡写生等课程授课，用多种艺术形式礼赞英雄，铭刻这场"共同记忆"，从基层最前线、地方社区到国家博物馆，多件绘画作品参与"时代答卷——浙江抗疫艺术作品展""众志赞歌——致敬抗疫英雄教学展""众志成城抗疫主题作品展""下城区战役先锋纪实故事油画展"，完成一场自识自省的人生大课，形成课程思政新实践。

（六）课程思政的理念与内涵

以乡土为艺术课堂，在社会现场中开展面向时代的绘画实践教学。课程每年组织全体学生走出教室，深入现实生活大课堂、社会发展最前线，开展大规模的实地写生和考察，在吾土吾民的生活现场中完成田野调研和艺术创作。全面培养学生的担当意识、学术视野、专业技巧与创作能力，构建历史题材创作中的思想深度、情感温度和语言强度。

（七）思政元素挖掘与思政素材选取

课程的下乡实践依托全国各地的文化传承基地、下乡采风教学基地、校外实习实践基地、教育扶贫点，同时梳理在地资源，聚焦问题意识，制定课程方案，完善授课机制，这些基地一定意义上构筑起遍布全国、深入城乡市镇的"乡土学院"网络。

依托这个网络，全体在校生走出校园，深入社会，通过主题性、项目制、课题化等方式，完成每年不少于 30 天的下乡社会实践。同时，在各专业课程设置中，加大社会调研、田野工作的比重，使得深入社会现场的教学成为专业教学的重要组成部分，以新时代鲜活的新场景和新经验，拓展学院教育的现实语境与知识内涵。学生在课程中，不断深入生活、扎根人民，以人民之心来体会现实主义绘画的主题性建构过程，并坚定地树立正确的社会主义价值观和文艺观，增强关注社会的责任感和多视角表现生活的能力，以具有深刻人文关怀的艺术创作弘扬现实主义传统，不断探索现实主义在当代的继承与发展。

（八）专业知识与思政元素的有机融合

艺术以人民为中心，从人民中来，到人民中去。学校用社会大现场敞开胸襟，以乡土新经验贯通教学，引导学生深入生产生活第一线，培养对中国社会的高度感知力和认同感。就地取材挖掘思政元素，以境育情、以情入理，开展实时、在地的思政教育。

面对真实的社会需求，以色彩描绘美丽中国，讲好中国故事，联系中国乡村的保护与开发、文化礼堂传承考察、建设美育大讲堂、传播乡土文化等社会活动，更好地服务于人民群众对美好生活的需求，在服务人民之中实现艺术与思政的高度统一。通过贴近人民、理解人民、服务人民，提升青年学生的社会关怀与公共意识。一方面培养师生关注现实的担当精神，及时回应国家及社会的重大问题，另一方面继续以绘画助力提升和改造国民的精神意志。以此完成人才培养上的自识自省，解决学院教育的核心问题，是对中国教育根本任务立德树人的注脚，是对中国教育的根本问题（培养什么人、怎样培养人、为谁培养人）的有力回应。在教学方式上创新实践，以创作带研究，以研究带教学，将学术育人和美术创作实践紧密结合，完成美育实践课程的新时代转换，同时创新形成了"思政教育、专业教学与文化传承"三位一体的育人方式，把知识教育、价值教育、能力教育结合在一起，把思想引导和价值塑造融入具体课程从而真正落实课程思政。

在『情境性绘画写生』中践行红船精神

邬大勇

一、课程简介

　　本课程以培养关注家国叙事、民族复兴并兼具创新精神与社会主义核心价值观的绘画创作人才为教学目标，通过对含有奉献、奋斗精神主题的叙事人物组合场景的课堂写生训练达到教学目的。本课程入选国美"铸金炼课十五案"，已出版教材《国美金课——情境性绘画写生》，入选浙江省省级精品课程，为教育部首批课程思政示范项目"色彩——油画写生语言"的组成部分。

二、课程思政目标

　　以红船精神为引领，以课程中的思政元素引导学生树立正确的人生观、价值观和艺术创作观；培养学生的社会责任和家国情怀，创作具有深刻人文关怀和社会主义核心价值观的绘画创作；以人民之心、文化使命与文化兴国为担当，为实现"两个一百年"奋斗目标与中华民族伟大复兴的中国梦助力。

三、课程思政设计思路

　　1．活化课程思政，研创反哺教学。授课教师皆具有国家及省部级重大题材美术创作的丰富经验，将个人创作思考和经验带入课堂，以创作反哺教学、活化课程思政，将知识教育、价值教育、能力教育相结合，把思想引导与价值塑造融入具体课程，真正落实课程思政。

　　2．提炼育人元素，设置典型案例。提炼课程写生场景的思政主题，围绕历史语境、现实关照、生活寓意等方面展开，以设置近代史情节、歌颂现实生活和普通劳动者的情境为切入点，全面培养学生的担当、奉献和奋斗精神。师生共同构建情境的过程，就是观察现实、思考历史、塑造价值的思政过程。

　　3．加强顶层设计，强化思政育人理念。本课程明确为重大题材美术创作的培养与项目导引机制服务，让学生将课程作业直接转化为创作实践，以具有鲜明时代气息的绘画作品反映当下。

图1 崔小冬教授在指导教学

四、教学实例

实例1 情境课程作业《战争》

（一）知识点

历史画、传统绘画语言、建构情境、设置情节、调整人物形态、构筑主题性、设计戏剧性冲突。

（二）教学目标

温习和理解叙事绘画的构图要领，进一步思考艺术史名作的构成规律，增强分析处理画面的能力，培养构图能力，提高完成复杂画面的能力。深刻了解并解读抗战历史、日军南京大屠杀暴行及相应的党史和近代史关键点，体味个体美术创作与家国情怀的关系。

（三）主要内容

2008年，由许江院长领衔，孙景刚、崔小冬、邬大勇教授合作的国家重大历史题材美术创作工程选题《1937·12·南京》画幅中包含反抗者、死难者、行凶者等多种人物组合，涵盖多重叙事，需要多组情境设置。在创作过程中，几位创作者产生了围绕情境性绘画展开教学的思考。创作完成后，油画系第一工作室随即开设了情境性绘画写生课程。

第一张课程作业《战争》（图2）便是《1937·12·南京》的延续，课堂情境设置明显受到油画创作《1937·12·南京》的影响，目的不言而喻，随后课程不断拓展多种主题与情境。情境性绘画写生在传统叙事性绘画中汲取经典图式，展开联想。设计作业、研究情境、确立主题成为师生共同学习交流的过程，学生从中温习与理解叙事绘画的构图要领，进一步思考艺术史名作的构成规律。

图 2　邸可欣　战争

课程结束时要求学生完成课程总结文章，梳理创作过程从确立主题到完成作品的个人思考，并进行作品展示与文本交流。此外，本课程辅以历史与主题性绘画构成境域的相关研究讲座。学生须有选择地对国内外经典的历史与主题性绘画（包含中国共产党党史经典绘画）以及相应党史和抗战史文本进行深层次的分析与解读，学习研究作品的主题与价值，同时学习创作方法，最后以具有一定完成度的草图完成研究作业。

实例 2　情境课程作业《城市化妆师》《休息的矿工》
（一）知识点

现实主义绘画、写实主义绘画语言、建构情境、设置情节、调整人物形态、构筑主题性、设计戏剧性冲突。

（二）教学目标

温习和理解叙事绘画的构图要领，思考艺术史名作的构成规律，增强分析处理画面的能力，培养构图能力，提高完成复杂画面的能力。引导学生深入生活、扎根人民，以人民之心来体会现实主义绘画的主题性建构过程，树立正确的社会主义价值观和文艺观，增强关注社会的责任感和多视角表现生活的能力，以具有深刻人文关怀的艺术创作弘扬现实主义传统，不断探索现实主义在当代的继承与发展。

（三）主要内容

布置了矿工休息的情境，是对现实主义主题研究的延续，矿工的环境、服饰、道具，包括色彩，很适合以油画材质来表现，增加了学生处理重灰色调的经验。两位矿工直接坐地上的动作安排源于现实中的图片素材，姿态典型有变化，具有代表性。一方面凸显了真实感，激发了学生在观察生活时对典型动作和姿态、决定性瞬间的重视，另一方面也利于展现画面的鲜活与生动（图3）。设置清洁女工休憩的情境，语笑嫣然，纯橙色环卫服、亮调的环境和道具传递着乐观开朗的品质。聚焦女工休息的瞬间，实质反映劳动者对工作和生活的热情（图4）。

这两张作业都引导同学回到对现实的关注，还原生活角落里的普通人、劳动者，体会使得同学能打开创作的视野，重新审视身边的人和物，重新观看平凡，并在平凡中发现美和趣味，也能触发更多对现实的关怀，开启感人关切的现实主义创作路径。清洁女工的服饰和道具，有纯度的色彩，对同学组合和结构画面的能力，都提出很高的要求。

图3 王锦辉 城市的矿工　　　　　　　　图4 莫非 城市化妆师

五、案例成效

通过在教学中融入课程思政，在教学实践的同时落实价值塑造、技艺培养、知识传授"三位一体"的育人模式。近年来该课程作业多次入选全国美展、全国青年美展、省部级美展等重要展事并获奖，课程强化学生的家国情怀，积极承担社会责任。课程以研创促教学、师生协同等教学实践机制，全面提升学生的主题性美术创作水平，为国家输送了大批主题性创作青年生力军，在中国高校美育课程中起到示范作用。学校在所在城区举办了抗疫纪实故事油画展，还原抗疫中广大干部群众平凡而伟大的担当精神，社会各界反响热烈（图5）。

人 民 日 報 **有品质的新闻**

浙江杭州：下城区举办抗疫纪实故事油画展，记录"战疫"英雄的不平凡

人民日报客户端浙江频道　2020-07-07 18:43　浏览量1.7万

用画笔记录抗疫历程，弘扬时代精神，让疫情期间基层工作人员坚守奉献的感人瞬间定格在画布上。7月7日，杭州市下城区举办抗疫纪实故事油画展，通过画作歌颂身边英雄，为身处各行各业中的平凡抗疫英雄们点赞。

图 5 "抗疫纪实故事油画展"（《人民日报》客户端浙江频道图）

佟飚　郑端祥　李沐

上山下乡

——中国美术学院社会实践课程育人内涵

中国美术学院坚持扎根中国大地办教育，坚守民学与乡土的根基，牢记"文艺战线是党和人民重要战线"的方针，培养师生积极践行马克思主义文艺观，将思政课程融入乡土社会，将艺术课程融入社会服务，把中国大地、乡土人文作为实践课堂的具体内容和工作对象，把最具艺术学科特色的"下乡写生采风"传统深化为田野调研与乡土重建的行动，引领师生投身中国社会发展最前线。以下乡实践作为深入生活的重要手段，铸炼艺术立场，锻造艺术方法，以求得再造时代艺术，再造体现和反映时代精神的中国艺术。将德育与美育统一，将理论与实践结合，将显性教育与隐性教育协同，构建思政课程与课程思政有机融通的全流程实践教学育人模式。上山下乡，既是对两个文艺座谈会精神的回应，也是扎根中国现实，艺术教育以人民为中心理念的具体实践。

图 1　中国美术学院"下乡写生采风"实践教学现场

课程以中国美术学院"品学通、艺理通、古今通、中外通"的"四通"人才培养为目标，从传统与当代这两条路径形成传统活化与出新，在与时代同行中不断深化教学模式创新，在扎根乡土、深入生活中回应时代问题，从而形成教学育人的课程建构和学理思考。

通过"在地性"研究方法构建的社会实践教学体系，建立学生个体与社会的连接，培养大一学生的艺术态度与工作方法，在主题性教学与社会服务中塑造学生对"乡土"与"家国"的深度理解。

从生活观察、社会调研和绘画技能等三方面入手，在绘画传统所构建起的经典形式与语言中培养人文精神和现实关怀，并融课程、思政于一体，将专业培养与社会实践相结合，构建特色鲜明的育人体系。

图2 中国美术学院最前线"五水共治"社会实践现场

一、以"人民之心"深入人民群众，将德育与美育结合

自中国美术学院创建以来，社会实践一直是我校重要的课程。

1937年日寇在杭州湾登陆，我校踏上西迁之路。沿途制作宣传画，排演戏剧，宣传抗日救亡，其为社会实践也。胡一川、彦涵、罗工柳等校友奔赴延安，从文艺的革命现场直达社会革命与民族解放的前线，亦为社会实践。董希文等校友游历西北边陲，遍访传统造像，此亦是社会实践。中华人民共和国成立后，中国美术学院承接这一学术传统，以艺术创作和艺术教育扎根中国大地，深入社会现实，与人民一起共同塑造新中国精神。20世纪50年代，师生奔赴安徽、山东等地参加土地改革，亲历社会的巨大历史变革。不仅以艺术的手段体验人民之心的艺术要求，更是参与到土改的具体工作之中。自那时起至今，社会实践作为一门核心课程，逐步完善和成熟，其内涵正是为人生而艺术，这也是我校重要的学脉之一。

进入新时代以来，中国美术学院更是以文艺创作的担当精神引领大学生思想政治教育工作，引导师生牢固树立社会主义核心价值观，坚持"以人民为中心"的社会主义文艺观。在面对时代重托、人民希望、党的嘱托的历史时刻，关注社会、服务人民，举全院之力，为时代造像、为人民创作。先后组织"百名师生画百名将士"为100名守岛官兵造像、"绘兵纪"为2000名浙江抗战老兵造像等。"绘兵纪"社会实践课程"绘"的是值得尊敬的一代抗战老兵，"纪"的却是学生们自己的青春，是一代青年对历史永难忘却的记忆与激情，该课程主要目的是为了让学生关注老兵生活，营造铭记历史、传承精神的社会氛围。另外，在"最前线"活动中1500多名师生分赴全省各地，用手中画笔记录基层最美河长、最美河工以及最美志愿者，他们用画笔描绘浙江八大水系和千张河长肖像。师生们通过主题创作深入人民群众之中，用画笔和镜头与人民群众建立起心灵的联系，在共同生活、共同经验、共同命运中创造与人民感同身受的艺术，切实践行马克思主义文艺观、美学观、历史观、实践观，领悟讲话精神，指导创作实践。

在教学中把社会学田野考察的工作方法引入下乡社会实践之中，强调质化研究，注重参与观察、在地体验。学生通过田野课堂的学习，建立起一套完整的考察方法论，并把国家的"乡村振兴""美丽乡村"等重大战略带入教学，通过课程指导学生树立起坚定的文化自信。把田野考察方法论作为对下乡写生的补充，使他们从一位只专注于绘画技能的学生转变为融古今、通艺理、汇中外、优品学，敢为社会担当的"四通"人才。

全面提升和深化美术院校"下乡采风"的传统模式，建立了社会调研的常态机制，并以理论+实践的形式计入学分。以调研汇报、写生表现、主题创作三方面作为课程考核的依据，以展览获奖作品为加分依据。通过增设奖励机制来促进课程的考评，回来以后组织展览，并形成内部交流。

图3 "绘兵纪"——纪念中国人民抗日战争暨世界反法西斯战争胜利70周年作品展现场

图4 值此中国人民抗日战争暨世界反法西斯战争胜利七十周年之际，我们以笔铸魂，向抗战老兵致敬！

让专业教学和社会现实紧密相关，不是作为旁观者，而是要沉浸其中，身心发动。从线上到线下，从书斋到田野，从课堂到社会，师生在与社会的紧密互动中铸炼艺术之魂，凝聚社会担当。将课程思政的理念与专业教学的思想有机融合，相互支撑，以求得学以致用、品学兼通和艺理并收的培养目标。

二、以"最前线"深入时代主旋律，将专业学习与美丽中国建设融合

在我校的实践教学体系中，注重将学生的个人专业学习与社会服务、国家发展结合起来，赋予专业课程价值引领重任，切实提升育人实效。学校师生深度融入社会，深入时代大需求，密切对接经济社会生产建设第一线，美学下乡、设计扶贫，对接乡村振兴战略，全面参与文化礼堂设计、古村落保护与开发、本土建筑的应用与探索、美丽乡村和特色小镇建设，积极落实教育部指定对口支援西昌幼儿师范高等专科学校项目，纳人民的呼吸、发人民的呼喊、述人民的心声，引导心灵转向，推动社会更新，构建从社区建设到城乡发展的多层次社会美育服务体系，为社会发展提供创造性能量，将学生个人的专业学习与美丽中国建设紧密融合，将学生的道德教育与专业美育同频共振。近五年来师生先

后参与全国美丽乡村建设 300 余项，持续开展"最前线""五水共治""社会之声"等融思政课程、艺术课程与社会工程于一体的复合型人才培养社会实践项目。组织各专业师生团队深入海洋经济、生态经济、交通枢纽、新农村建设第一线，在建设"最前线"中以生动的艺术表现手法，展示浙江建设波澜壮阔的巨大成就。"千村千生"实践育人项目获评"全国最佳志愿服务项目"。"美美讲堂"社会美育实践项目，被评"为全国暑期社会实践最具影响力项目""全国最佳志愿服务项目"。田间地头，桑竹阡陌，思政育人如盐溶水，流淌到村舍、农居，浸润到学生心间。

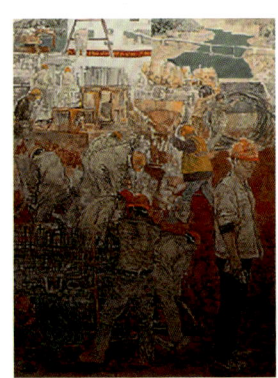

图 5　我校师生深入生产与生活的"最前线"，创作展示祖国建设成就的艺术作品

图 6　我校师生在"五水共治"现场为河长、河工们画肖像

三、以"星空下的思政"深入社会生活，将专业与育人结合

深化打造思政实践类"金课"。有机结合各年级学生每年 3 周的专业下乡实践活动，开展思政理论与实践教学有机融合的新探索，让课堂走出学校，入驻乡村，邀请深度参与社会公共文化建设的专家学者、政府官员、农村党支部书记、返乡创业者、地方志编纂者、普通村民等走上讲台，讲授思政理论，使他们成为学校专业实践教学中独具思政特色的一支特殊的教学力量。

以"星空下的思政课"为代表的下乡实践课程思政模式，是推动本土"文化自信"和"传统活化"的具体课程和教学实践，它对于中国高等美术基础教育的改革和创新，对于新时代大学生文化根性的培养，具有重要的示范与引导意义。以强调"在地性"研究方法构建的社会实践教学体系，是中国美术学院课程育人的教学理念与方法的新一轮研究与建设性探索。它的创新之处在于通过社会实践课程

图 8　中国美术学院 "下乡写生采风" 实践教学现场

研究社会形态与自然历史的构造关系、在自然造化中体验本源与机缘、在社会前线开启问题意识与批判精神、在日常生活中思考人本与经验、在营造法式中认知造物法则与生活智慧、在主题研究中汇通知识与培养创造力、在团队组织中培养协作意识与协同能力。以此为原则，上山下乡课程将思政建设融入专业教学之中，形成了新时期课程改革的新特色，调研即是方法，也是国情教育、历史传承的现场，它将现实与专业教学紧密相连，成为落实我校 "四通" 人才培养目标的重要手段和核心课程。

　　我校还积极探索 "美善相乐、知行合一、'五位一体' 思政实践育人课程"，积极构建以 "课堂教学、名师讲堂、实践锻炼、课题研习、艺术表达" 有机结合的 "五位一体"，以理论育人、实践育人和展览育人融为一体的实践教学模式。课程在推动思政课创新的同时，不断增强各类课程的思想性、理论性、亲和力和针对性。通过隐性渗透、寓道德教育于各门专业课程之中，通过润物细无声、滴水穿石的方式，实现显性教育与隐性教育的有机结合。

四、以"千生千村"社会实践深入文化传承与艺术创新，将专业理论与实践教学结合

我校实践教学通过引导学生认识世界与中国发展的大势比较、中国特色与国际的比较、历史使命与时代责任的比较，使艺术学科的思政教育元素既源于历史传统又基于社会现实，既传承文化血脉又体现与时俱进。通过不断从教学实践体系中提炼"课程思政"教育元素，从社会实践出发向学生阐释理论的形成，依据实际来修正理论逻辑。坚持理论与实际相结合，因事而化、因时而进、因势而新，深耕社会大地，不断发掘拓展时代新命题、新领域、新方向。

通过专业下乡实践系列课程，以"千村千生"等系列项目引导广大师生深入村镇社区，通过"社会调查""田野工作"进行"社会素描"的开放课堂，切身地接触现实、了解生活，让学生用常情、常理去观察和理解社会，用鲜活的生命经验磨炼现实感受力，培养对中国社会具备高度感知力和认同感的社会主义接班人，并积极参与到服务全省农村文化礼堂建设中，为村、镇文化礼堂提供内容生产，将文化礼堂建设成为一个民众参与、凝聚人心的精神家园。学院师生将参与全省各地村、镇农村文化礼堂设计，帮助整理村史影像和文献资料，让乡村生活史和集体记忆得以呈现；对农村做视觉调研，以艺术的方式去梳理乡土社会的变迁；积极介入和引领文化礼堂的建设，还创造性于民众，让老百姓亲近艺术；发挥艺术育人作用，用乡土教育为农村注入创造力，把农村重新变为乡土，推动文化为民惠民，使群众真正成为文化繁荣发展的主角，使农村真正成为广大老百姓的精神家园。

90年以来，社会实践课程历经不同的历史时期，经过多次的深化改革和教学实践，逐渐形成了以"上山下乡"为标志，独具中国特色的艺术类专业通识基础课程体系。课程以"三位一体"实践教学育人体系（"三位"即思政教育、专业教学、文化传承，"一体"即总体思维与综合素质的提升）为结构，以思政理论课为联系纽带，将思政实践教育与专业下乡写生、艺术调研有机结合。教育的初心和使命在于立德树人，在于为党育才、为国育人，中国美术学院将继续扎根中国大地办教育，不断深化实践教学体系，让"课程思政"扎根人才培养，为培养德、智、体、美、劳全面发展的社会主义建设者和接班人不懈努力、不懈奋斗。

李 沐

下乡社会实践

04

一、课程简介

深入生活、扎根人民的艺术思想一直是中国美术学院的学术价值导向，"上山下乡"社会实践教学也一直是我院的核心课程与最为重要的育人传统。通过"上山下乡"这种社会育人大课堂，建立学生个体与社会的连接，培养大一学生"在地"的艺术态度与工作方法，并通过主题性教学与社会服务塑造学生对"乡土"与"家国"的深度理解与创新创业能力。这堂课以社会为田野课堂，以生活为研究对象，以人民为描绘内容。

课程通过"田野考察"的基本方法，追溯文化形态的渊源，同时又紧扣时代脉搏，直面社会发展的时代现场，帮助学生树立"四个自信"。教学部全体专业教师会同马克思主义学院思政课教师，构建思政课程与课程思政有机融通的育人模式，践行马克思主义美学观、历史观、实践观，以思政教学引导专业实践，以专业实践滋养思政教学，培养"四个自信"。组织学生深入人民生活的"最前线"和"主战场"，切身地参与和感受现实生活，用生命去体验生活之根、人民之魄。引领学生用画笔与人民群众建立起心灵的联系，在共同生活、共同经验、共同命运中创造与人民血肉相连、感同身受的艺术形式。对地方文化资源的挖掘和梳理，是继承优秀传统文化的有效路径，也是利用专业知识进行创造性转化、创新性发展的基础和前提。对地方经济社会变迁的考察和体悟，是感受中国特色社会主义建设成就的直接方式，也是增强"四个意识"、坚定"四个自信"、做到"两个维护"的鲜活教材。

二、课程挖掘的思政资源分析

1. 田野考察

课程通过对地方人文地理、社会形态与传统造物法式的构造关系研究，帮助学生建立"田野考察"的基本方法。以中国传统造物形态及传统造型观，追溯文化形态的渊源，同时，又紧扣时代脉搏，以专项社会调研和主题现场采风为手段，直面社会发展的时代现场，帮助学生树立"四个自信"。教学部全体专业教师会同马克思主义学院思政课教师，构建思政课程与课程思政有机融通的育人模式，践行马克思主义美学观、历史观、实践观，以思政教学引导专业实践，以专业实践滋养思政教学，培养"四个自信"。

2. 社会实践

人民是历史的创造者，是艺术创作的源泉，我们打破在教室里以专业模特为写生对象和创作对象的专业传统教学模式。教学部以"上山下乡"与思政课程相渗透的生动形式，组织学生深入人民生活的"最前线"和"主战场"，切身地参与和感受现实生活，用生命去体验生活之根、人民之魄。引领学生用画笔与人民群众建立起心灵的联系，在共同生活、共同经验、共同命运中创造与人民血肉相连、感同身受的艺术形式。

3. 思政课

对地方文化资源的挖掘和梳理，是继承优秀传统文化的有效路径，也是利用专业知识进行创造性转化、创新性发展的基础和前提。对地方经济社会变迁的考察和体悟，是感受中国特色社会主义建设成就的直接方式，也是增强"四个意识"、坚定"四个自信"、做到"两个维护"的鲜活教材。专业实践任务的高质量完成过程是自觉将科学理论与具体实践活动相统一的过程，在此过程中必然会进一步加深对马克思主义理论力量和魅力的认知。

三、案例课信息

（一）教学目标

1. 价值目标

树立深入生活、扎根人民的艺术思想，明确了"以人民为中心"的课程育人的价值目标，在教育引导学生坚持"四个正确认识"中，实现思想政治教育与专业教育的有机统一，努力构建"课程育人"体系，扎实推进"三全育人"。

2. 知识目标

"上山下乡"社会实践课程，整合多方资源，拓展平台载体，打通专业教学、思政下乡调研与授课、社会实践活动、志愿服务等多个出口，努力提升社会实践"金课"。要紧紧围绕立德树人的根本任务，以学院"四通"育人目标优化课程。

3. 能力目标

课程将主题切入教学，以课程推进，推进思政课程的渗透，极大地提高了思想政治教育在学生中的认同度和受欢迎度，有效解决了思政课程时效性不强、合力不够的困境，使学生的专业知识、价值取向及思想觉悟都获得了极大提升。通过"在地性"研究方法构建社会实践教学体系，建立学生个体与社会的连接，在培养学生的艺术态度与工作方法的同时，在主题性教学与社会服务中塑造学生对"乡土"与"家国"的深度理解与创新创业能力。

（二）教学内容

1. 课堂设计思路

课堂教学分为三个切入点，分别通过"田野课堂""社会素描""星空下的思政"三个教学板块实施课程思政。"田野课堂"以田野考察的基本方法介入教学，我们以一套精简且经典的田野考察方法论贯穿在课程之中，帮助学生分析研究中国传统造物与优秀的民族精神以及思想文化之间的关系，在实践和学理中建立了学生的文化自信。"社会素描"将专业教学、社会实践、服务社会一体化，在置身社会、深入地方、扎根生活的专业教学同时，展开了社会实践教学。通过田野考察、写生、创作素材采集等专业课的各个环节，构建富有特色的新时代社会美育实践体系，播下了服务社会、回报社会的种子。"星空下的思政"采取白天外出调研和写生，晚上集体讲评的教学形式，帮助学生对白天所采集的素材进行文化脉络的梳理。把马克思主义美学观、历史观、实践观润物无声地融汇到专业课程中，使得思政教学和专业教学双轮驱动，同向同行。让学生在学习中自然而然地感觉到思政课与专业课的营养互补，有效地让学生体会到专业与思政的互文关系。

2. 教学重点

以中国美术学院"品学通、艺理通、古今通、中外通"的"四通"人才培养为目标，从传统与当代这两条路径形成传统活化与出新，在与时代同行中不断深化教学模式创新，在扎根乡土、深入生活中回应时代问题，从而形成教学育人的课程建构和学理思考。

3. 教学难点

如何把思政内容巧妙地融合到专业课程的实践和学习之中，让学生在专业学习过程中不知不觉地接受思政教育。

4. 对重点、难点的处理

将课程紧扣时代脉搏，融课程思政于一体，以社会为课堂，以生活为对象，以人民为内容，构建特色鲜明的育人工程。在社会实践教学过程中，采用前期现场、调研准备、现场写生以及现场劳作为教学方式，完成从理论到实践，再从实践到理论的全过程。

（三）教学方法

课程通过三个环节展开。

1. 田野课堂

田野考察是社会学研究的基本方法，强调参与性与在地性研究。本课程以田野考察的基本方法介入教学，展开传统造物的文化溯源。我们以一套精简且经典的田野考察方法论贯穿在课程之中，帮助学生分析研究中国传统造物与优秀的民族精神以及思想文化之间的关系，课程以翻转课堂的形式激励学生自主学习，并引发师生探讨，在实践和学理中建立了学生的文化自信。教学团队在课程之前有计划的预热，针对实践地的主题教学设计，再到课题性教学的开展，通过对地方人文地理、社会形态与造物法式的构造关系研究，帮助学生建立田野考察的工作方法、问题意识、研究路径、团队协作，形成一套相对完善的课程思政育人体系。

2. 社会素描

下乡社会实践课程将专业教学、社会实践、服务社会一体化，在置身社会、深入地方、扎根生活的专业教学的同时，展开了社会实践教学。在田野考察、写生、创作素材采集等专业课的各个环节，利用采集、写生的作品，在当地举办绘画展览；利用专业知识积极参与美丽乡村建设；开展艺术公益支教、绘画心理辅导、文化遗产保护等各类社会服务活动；表现新时代最前线的发展宏图和建设者的动人风采，构建了富有特色的新时代社会美育实践体系，播下了服务社会、回报社会的种子。

3. 星空下的思政

课程采取白天外出调研和写生，晚上集体讲评的教学形式，帮助学生对白天所采集的素材进行文化脉络的梳理。专业教师和马克思主义学院思政课教师利用晚上的时间，开展"星空下的思政"环节，旨在思政课程与课程思政的有机融通，把马克思主义美学观、历史观、实践观润物无声地融汇到专业课程中。同时，晚上也会安排当地学者、手工艺者就当地相关生活习俗以及历史变迁展开互动式的讲座。"星空下的思政"不但使学生了解过去，还使学生看到改革开放以来乡村的发展，特别是新时代社会主义的伟大变化。"星空下的思政"不但为专业课的调研丰富了素材，理清了文脉，把握了方向，使得思政教学和专业教学双轮驱动、同向同行，而且让学生在学习中自然而然地感觉到思政课与专业课的营养互补，有效地让学生体会到专业与思政的互文关系。

（四）教学评价

下乡社会实践课程紧扣时代脉搏，使师生在教与学的过程中了解社会、奉献社会、服务群众的思政内容与专业无缝连接，使专业学习与思政育人能够充分结合。建立起专业实践和社会服务相结合的常态机制，凝练出教学、育人、服务"三位一体"的育人体系。在教学过程中使得学生牢固树立起"四个自信"，能够以马克思主义的美学观、历史观和实践观作为今后艺术创作准绳。引导学生扎根生活，参与社会服务，致力于培养新时代有社会责任感及社会担当意识的艺术学子。

（五）教学创新

下乡社会实践课程将专业融入实践，形成了专业、思政、服务一体化的教学体系与育人模式，并整合出一整套育人机制：团队化的师资打通了专业壁垒，融合专业与思政；理论与实践并进，增强了学生的参与性以及对理论的实践性；课上课下并进，疏通了专业和社会服务的通道。课程将主题切入教学，以课程推进育人，推进思政课程的渗透，极大地提高了思想政治教育在学生中的认同度和受欢迎度，有效解决了思政课程时效性不强、合力不够的困境，使学生的专业知识、价值取向及思想觉悟都获得了极大提升。通过"在地性"研究方法构建社会实践教学体系，建立学生个体与社会的连接，在培养学生的艺术态度与工作方法的同时，在主题性教学与社会服务中塑造学生对"乡土"与"家国"的深度理解与创新创业能力。

（六）课程思政的理念与内涵

课程思政是指依托、借助于专业课、通识课而进行的思想政治教育实践活动，或者是将思想政治教育寓于、融入专业课、通识课的教育实践活动。"课程思政"是"大思政"理念、"隐性思想政治教育"理念的具体体现和呈现。在"课程思政"的研究与实践中，存在"一体化"、显性化、标签化和功利化等现实问题。要优化和提升"课程思政"，就要推动形成确立同向同行目标、提升教师育人意识、系统谋划建设方案、灵活施教润物无声、科学评价熔铸动能的完整体系。

（七）思政元素挖掘与思政素材选取

以"上山下乡"与思政课程相渗透的生动形式，组织学生深入人民生活的"最前线"和"主战场"，切身地参与和感受现实生活，用生命去体验生活之根、人民之魄。对地方文化资源的挖掘和梳理，是继承优秀传统文化的有效路径，也是利用专业知识进行创造性转化、创新性发展的基础和前提。对地方经济社会变迁的考察和体悟，是感受中国特色社会主义建设成就的直接方式，也是增强"四个意识"、坚定"四个自信"、做到"两个维护"的鲜活教材。

（八）专业知识与思政元素的有机融合

在田野考察、写生、创作素材采集等专业课的各个环节，促进专业知识与思政元素的有机融合。利用采集、写生的作品，在当地举办绘画展览；利用专业知识积极参与美丽乡村建设；开展艺术公益支教、绘画心理辅导、文化遗产保护等各类社会服务活动；表现新时代最前线的发展宏图和建设者的动人风采，构建了富有特色的新时代社会美育实践体系，播下了服务社会、回报社会的种子。

王　巽

中国传统书画基础

05

一、课程简介

（一）面向对象

包含造型艺术类、设计艺术类、图媒艺术类全体基础部一年级本科生。

（二）开设目的

引导学生从传统书画技法入手，通过学习，培养对优秀传统艺术文化的热爱和自觉，让学生能够在专业学习中受到中国优秀传统文化的熏陶，树立正确的文艺价值观，初步建立"文化自信"。

（三）主要内容

本课程在中国美术学院"两段制"教学模式下，以"四通"人才培养为教学指导思想，通过对中国传统书画的研习，引导学生从正反两方面看待东西方艺术的共通点和不同点，取其精华，为以后的专业学习所用。探索中国传统艺术文化在当下文艺育人与艺术教学中的相互作用。

课程分为书与画两个部分。书法部分通过对《千字文》等基础国学、书法艺术的双重经典解读、临习，学习传统人文精神，体味中国传统审美，践行劳作上手。绘画课程以传统格物为造型切入方式，以传统线描、三远法则为艺术手段，在描绘人物、景物、花鸟、器物等题材中积累对中国传统艺术的视觉经验。

本课程旨在传承优秀传统文化艺术理念，建立对民族文化艺术的感情。这既是中国美术学院专业通识基础课程的专业需求，也是课程思政育人的方向，是弘扬优秀传统文化在中国美术学院的践行。

二、课程挖掘的思政资源分析

中国传统书画是中国文化中非常重要的构成部分，是中华审美传承的基础。千百年来没有断层，构成了连续完整的文艺史和思想观。将课程思政融入专业教学对提高学生的综合素质，树立正确的世界观、人生观、价值观有非常重要的作用。中国传统书画是中华优秀文化精神的视觉载体，也是精神代表。实现中国书画基础知识作为通识专业课程在艺术院校的普及，是将思政育人与专业教学育人结合的新概念、好概念。可以将培育模式做到"润物细无声"，为今后更为专业的学习埋下优秀传统文化艺术精神可以燎原的"星星火种"。这是一门集审美素养、专业能力训练与文化自觉的通识课程。

从书法的临习中，学生可以了解汉字最初的演变。而"书同文、车同轨"，本身就是维持中华民族大一统而至今没有分裂的重要原因。特别是自秦小篆到汉隶再到唐楷，书法史的演变发展不仅是中国文化与审美的传承与演变，也是文化的传承与演变，更是价值观的传承与演变。这些文化因素是维系我们民族国家的重要力量。作为书法载体的汉字在东亚的传播，让方块字成为东亚国家共同使用的文化载体，影响至今。

中国画的写生与临习是中国传统绘画的学习方式，这种沿袭千年的艺术传承，维系着中华民族的审美精神。它的源远流长和博大精深影响至今，当今社会的方方面面都会受其影响。例如 2022 年春节联欢会源自《千里江山图》的舞蹈《只此青绿》。优秀的中国传统艺术文化本身就有较强的思想政治教育功能，与高校的学生工作与思想政治教育目标非常契合。运用传统书画艺术元素，具有可操作性，对学生来说具有亲切感、可视性，易于摆脱思想育人培养枯燥无味的弊病，有助于更新教学理念，拓展教学手段，创新教学内容，从而提升教学效果，提升思政教育的实效性。

中国传统书画基础课程还将课程内日常教学和社会实践创作相结合。让学生参与到与自己能力相匹配的社会实践中去，用艺术创作描绘身边的人和景物，用画笔感受不变的江山和持续不断的社会建设，在书画创作中把握思政方向，结合创作内容，创新实践课程思政理念。引导学生在专业实践中完成思想的提升，通过艺术创作进行自我思想培育，达到优良的教学成果。

三、案例课信息

（一）教学目标

1. 价值目标

学习传统人文精神，体味书写与劳作上手，激发学生对文字与书法、传统文化艺术的热爱，了解汉字文化对国家统一与艺术文化的意义。

2. 知识目标

了解汉字书法的发展概况及其背景，学习《智永真草千字文》楷书的基本笔画、规律与书写方法。

3. 能力目标

掌握楷书的基本笔画的规律，适当实践练习，学习毛笔书写所蕴含的审美意味。

（二）教学内容

1. 课堂设计思路

面对中国美术学院基础部一年级新生，以《智永真草千字文》为临本，是中国传统书画基础课程的切入口，从帖入手，从楷书基本笔画入手，可以清晰看到中国书法的审美之源。

2. 教学重点

楷书笔画的毛笔书写实践，以及由此带来的文化与审美上的意义。

3. 教学难点

对于中国美术学院基础部一年级新生来说，绝大多数人在上学之前没有练习书法的经验。对工具的掌握不足，知识储备不足，能力储备不足。

4. 对重点、难点的处理

虽然学生对毛笔作为书写工具的知识储备不足，但是具备一定的造型能力，使得授课教师可以从造型理解出发，讲授笔画的特征，以及毛笔作为工具使用的方法。将具有难度的知识点，用已知且掌握较好的知识进行转换。

针对学生对以文字为载体的书法艺术认识不足的问题，教师从文化、历史以及审美等多维角度讲授，学生可以比较好地理解，并且完全能感受到文字对于民族文化的意义，以及对于维护国家统一的意义。

（三）教学方法

1. 教学过程

首先，从中国传统书画课程的背景、沿革入手，介绍课程的概况，此课程在中国美术学院的开展历史，以及所取得的教学成果。并告知学生此课程既是专业教学，又具有育人教学内容。

讲授书法作为日常文字的呈现形式，具有阅读和审美的双重功能，并且简要介绍其发展概况和规律。

讲解与实践示范相结合，为学生讲授楷书的概况。以智永《真草千字文》为例，讲授《千字文》文本作为蒙学经典在中国文化史上的意义，以及千字文内容的概要。从文本讲授转入墨迹帖学出发的楷书的笔画构成，为学生逐一示范点、横、竖、撇、捺、勾、折、提等汉字楷书的基本要领，并举例说明其丰富变化。讲解书法作为中国传统审美核心的要求等。

2. 教学方法

通过讲解智永《真草千字文》楷书的背景内容，概述笔画用笔要点，并做详细示范。在中国美术学院的专业教学中，教师的示范是体现艺术教学的视觉呈现最为直接的方式。此教学方法，由古及今，经过更加系统的设计，更加适合今天的艺术课堂教学。

手把手的示范是传递教师基于上手功夫的艺术和进行思想与艺术融合教学的有温度的教学方法。相较于讲台上授课，更易让学生产生亲近感，也是师德师风在课堂中更接地气的表现。教师更容易将枯燥的思想政治内容，融入专业课堂中。

3. 教学活动设计

开场讲授中国传统书画基础，从此课程概况入手，引入文字、书法作为文化载体，在中国历史中所扮演的角色，所起到的作用。

师生交流自己对书法的看法和对传统审美的见解。

教师讲授作为蒙学经典与书法经典的《千字文》，并以智永《真草千字文》为例子，讲述书法发展的概况和此临本教材所具有的历史背景、审美价值以及文献作用。

学生讨论：以墨迹为帖学书法和以碑拓为主要学习对象的碑学之间的区别。碑与帖不仅是审美意义上的书法，其内容更可能是文化以及思想意义上的书法，因而成为中国传统文化传承的丰富载体，再度融入育人内容。

（四）教学评价

本课程的教学效果收到了非常好的评价。其中师生教学项目成果及社会实践创作成果《浙江大观图》和与绍兴市纪委名城办的合作课题《新时代清风廉路图》获得了人民网、新华社、中国新闻网、《光明日报》、《美术报》、浙江电视台、《钱江晚报》等诸多媒体的报道。本课程是浙江省第二批"十三五"教学改革项目，于 2021 年结题，并获得优秀奖。出版教材《真草千字文》，已再版三次。

（五）教学创新

将传统文化艺术元素融入专业教学，紧扣国家的"文化自信"战略。将传统书画中优秀文化艺术因子传承下来，并应用到对新时代的描绘与讴歌中，具有"古为今用"的特点。从艺术的角度，解读传统文化，强调文化与身份认同感。

（六）课程思政的理念与内涵

课程思政，就是专业课程内容在学校教育中要起到价值引领作用。中国美术学院的特色就是以深厚的传统艺术底蕴，倡导具有"文化自信"的东方视觉价值。育人为本，以德艺并举的方式，将优秀的传统文化艺术思想融入专业课程教学中，强化"艺亦载道"的德育理念，以"文艺树时代新人"为目标，让此课程成为具有"国美特色"的专业通识思政课程。

（七）思政元素挖掘与思政素材选取

1. 书法历史是中华文化不断强化的过程，是各民族对以汉字为主要载体的中华文化的认同。

2. 规范的书法是促进交流的工具，更是一种远播海外的艺术。

3. 隋唐书法，是中国多民族文化的纽带，甚至是与世界交流的桥梁。

（八）专业知识与思政元素的有机融合

1. 小篆的形成与秦的统一，为中国历代的大一统局面创造了文化要素。由文字、书法构成了重要的国之观念。

2．隋智永《真草千字文》是曾书写千份，分发江南诸多寺庙的启蒙读物，既有楷书，又有草书，具有传播文化、播撒书法艺术种子的作用，对江南地区文化水平的提高起到了很大的作用。

3．智永是王羲之第七代孙，书法直接传承于家法。以"二王"为首的书法艺术体现了中国文化审美趣味的核心。因而这种传承是中国文化艺术绵延至今，审美趣味虽有改变，但从未中断的重要因素。

在大学生摄影教育中践行首创精神

刘 阳

一、课程简介

本课程为艺术类各本科专业的必修课，是浙江省一流课程。课程立足于媒介全球化、普及化时代前沿，在与数字影像媒介的比较与融通学习过程中，使学生系统掌握传统摄影的全流程，了解摄影美学理论的研究对象，熟悉影像书写的技术技能与创作理念，摄影媒介语言的多变性与适应性特征，拓展影像媒介的综合运用思维空间。

二、课程思政目标

本课程围绕摄影媒介的现场性、记录性特征，提炼摄影教育与社会责任、家国情怀、创新精神等元素的融合点，引导学生从技艺传习、媒介延伸两个方向着手，在由眼入心、劳作上手的精深技艺训练过程中，灵活掌握摄影作为科技与艺术交叉融合媒介的动态特质，记录并传播历史人文遗迹，继承并发展优秀民族文化传统，弘扬并繁荣民族文化精神，增强文化自信，进一步提升思辨能力，以及对快餐式的图像媒介文化的判断能力。

三、课程思政设计思路

从理论到实践，溯源胶片摄影发展百余年的媒介特质；从观念到方法，将胶片摄影与数字摄影技术的比较与融通学习，汇入地域性文化艺术的研究创作与发掘传承当中。

（一）摄影原理实践体验

从"寻找自然暗箱"开始，思考拍摄空间与观看空间。

从针孔照片到物影照片，从摄影的成像原理到可替代摄影工艺的演变，从摄影术历史的角度追溯摄影媒介特质，使学生系统掌握传统胶片摄影的历史，及其在当代影像艺术发展中的价值。

（二）媒介材料比较实践

在从明室到暗室的实践过程中，探寻媒介材料的差异性与多种可能性。

课程聚焦于胶片摄影技术的全流程，包括拍摄前期、后期及与数码影像融通阶段。通过学习胶片摄影的工艺流程及其方法，磨炼影像书写基本技术，同时从影像生成的各种不确定性因素中，探索挖掘视觉美学的式样与价值。

（三）媒介技术交叉实践

在拍摄的现场景观中，寻找与自我认知融合的时空交汇点。

利用数字化技术资源优势，结合手机应用等，拓展教学的时空维度以及学生的创作思维空间。

四、教学实例

案例1 郎静山的集锦摄影与中国山水画的视觉转换

1. 知识点

郎静山的集锦摄影工艺。

2. 教学目标

了解并掌握郎静山的集锦摄影工艺，以及该工艺与中国山水画的视觉转换研究与探索的创新价值；能够了解创新与媒介技术之间的内在关系；培养有社会责任感、有担当奉献精神的未来视觉艺术创新人才。

3. 主要内容

（1）课前预习：1839年法国科学院向世界宣布摄影术的诞生。1840年的鸦片战争将摄影术带到了中国，因此摄影术在中国的起点甚至早于世界上大多数国家。墨子早在公元前400年左右，在《墨经》中已记录"小孔成像"的发现过程。北宋沈括、元代陶宗仪、明代刘侗、明末清初的方以智等都对小孔成像条件和影响影像大小的具体因素进行了规律性的探索。

（2）郎静山的集锦摄影术与实践案例解析。1928年郎静山发起成立了上海"中华摄影学社"（简称"华社"）。这是我国早期较有影响的摄影团体。1930年郎静山在上海松江女子中学开设摄影课，开创了摄影教育之先河。1931年起参加国际沙龙活动，入选千余次，获奖数百次。先后被英国皇家摄影学会、美国摄影学会接纳为高级会士，并被十余个国家和地区的摄影组织聘为荣誉会员。1939年郎先生将现代科学摄影技术与中国的传统绘画六法论（南齐谢赫）相结合，创出一条"集锦摄影"的新路子。这种"集锦摄影"在于弘扬中国传统文化和东西方艺术之本，因而，国际上评论郎先生的作品是"最现代"的，同时又是"最中国"的。

（3）讨论与思辨。通过对中国历史上的摄影进行观察与研究，对人物与文本溯源引导学生讨论、思辨：为什么说观察与实践是引领艺术创作的第一推动力，为什么说艺术与科技的融合转换是艺术创作的生命源泉？

实例 2　"我所居住之地"摄影实践项目

1. 知识点

拍摄实践项目。

2. 教学目标

通过在地性主题的引入，了解并实践传统摄影创作媒介的几种类型；培养学生勇于探究、敢于创新的精神。

3. 主要内容

（1）课前准备。了解西湖、大运河、钱塘江等杭州名胜古迹的历史。

（2）我所居住之地——主题创作实践。围绕摄影媒介的现场性、记录性特征，以"我所居住之地"为题，带领学生深度调研世界文化遗产名城——杭州。在湖山风貌、历史人文遗迹、现代化山水城市的景观现场中寻找当下视觉文化传播的交融点。从技艺传习、媒介延伸两个方向着手，在由眼入心、劳作上手的精深技艺训练过程中，灵活掌握摄影作为科技与艺术交叉融合媒介的动态特质，记录并传播历史人文遗迹，继承并发展优秀民族文化传统，弘扬并繁荣民族文化精神，增强文化自信，进一步提升思辨能力，以及对快餐式的图像媒介文化的判断能力。

（3）讨论与思辨。通过带领学生寻访、考察西湖及其周边的摩崖石刻，浙东大运河的源头西兴古镇，钱塘江畔的现代化精品村，引导学生开展影像艺术的创新性探索实践。

五、案例成效

通过在教学中融入课程思政，明显感受到学生对于传统摄影媒介及创作的认识有了显著提高。在系列视觉艺术创作与调研活动中，进行艺术与科技的媒介语言转换方式研究，以创造一种具有典型性的文化符号载体，从而激发和提升民族审美情趣，寄托民族文化情感，传承中华文脉，活化其精神内核，深度介入中国传统文化与摄影的融合研究，增强新一代青年对文化遗产保护和传播的参与感。此外，通过课程中的案例展现、讨论思辨、实践考察等教学形式，使课堂呈现多元化，学生在创作与考察实践的过程中，逐步提升思考力及创造性思维，提高综合素质和创作能力。

『活化传统』方法论与实践

何士扬

一、课程简介

（一）面向对象

文物保护与修复专业本科二年级

（二）开设目的

文物保护与修复专业的知识量极大，在国内当前的院系设置观念下容易出现"博"与"专"的教学矛盾。为求"专业教育"与"人文熏修"并举，本课程结合"一人一器"专题研究模式，指导学生运用材料研究、造型研究、学理研究的"三面深入"研究方法。在共同的学理背景下，解决丰富知识与有限课时量之间的矛盾，使学生在独立学习与相互交叉的传统艺术研究氛围中，形成相互影响的学术能量场。

（三）主要内容

（1）以传统书画审美为导向，追溯传统人文思维逻辑、解析古人创作和研究所遵循的原理和法则。

（2）在认识传统学理的基础上，进行书画、器物的材质特征、造型语言的研究。

（3）在"一人一器"教学模式下，制订"全流程研究"方案。

（四）课程特色

（1）"三面深入"研究方法。提出"材料—造型—学理"议题。以传统学理为指导，强调在研究中，充分理解材料物性、造型、成因及三者间的关联性，引导学生更好地进入传统艺术语境。

（2）"人一器"培养模式。引导学生在卷轴画、壁画、造像、器物四个模块中自主选题，并制订研究方案。在独立研究与相互交叉的学习氛围中，形成相互影响的学术能量场。

二、课程挖掘的思政资源分析

（1）本课程秉承"以传统学理研究传统艺术，以当代学术整理传统艺术"的教学理念，引导学生进入优秀传统文化的审美语境，在艺术品鉴与保护中，增强文化自信。在感悟"艺术经验"、解读"传藏信息"、研究"保藏技术"中，唤醒传统艺术沉睡的价值。

在世界文化交流日益频繁的今天，优秀传统文化象征着一个民族、一个文明的智慧和发展潜力。中国优秀传统文化是中国文化发展的立身之源，随着我国经济生活水平的不断发展，对传统文化的传承与保护已经成为构建我国文化自信的重要基础，对优秀传统艺术的品鉴、传藏与保护不仅是美术教育的重要内容，也是学术界应尽的时代责任。

"传统学理"是相对于"西方现代学术语境"而言的。潘天寿先生说："艺术之高下，重在境界，境界层上，一步一重天。"黄宾虹先生说："画有雅俗之分，在笔墨不在章法。""讲境界""分雅俗"是中国传统艺术品鉴的特色，也是我们研究传统艺术应该遵循的原理和法则。引导学生利用境界、雅俗的品鉴标准对艺术文物进行研究，有利于优秀传统艺术的理解与传承，有利于培养学生的文化自信心与自豪感，并激励其投身优秀传统文化的传承与保护。

（2）本课程倡导理论与实践相结合、专业教育与人文熏修并举，以实践为本，掌握基于实践的研究方法。在专业教学中提高学生的综合素养，形成"如哲人般思考、如匠人般劳作"的研究习惯。理论与实践相结合，是"活化传统"方法论的学理基础。历史上，顾恺之的人物画"以形写神"，钟繇的书法"以用笔者为天"。传统书画通过实践升华笔法与造型的精神高度，又通过理论概括，形成指导实践的品鉴标准。本课程"一人一器"的教学安排结合材料、学理、造型"三面深入"的研究方法，希望在一定程度上超越理论与实践分科教学的弊端，使学生在兴趣培养中，形成理论与实践紧密结合的研究方法，传承中国美术学院代代相承的"哲匠"精神。

（3）本课程以"活化"为核心，讨论传统艺术研究的方法论，期望学生通过课程学习，掌握品鉴、保护与修复传统艺术的方法和技能，使美术文物在品鉴中彰显价值、在保护中获得传承、在修复中重现光华。"活化传统"，即通过品读、鉴赏、保护与研究传统艺术，实现激活、转换与延伸其内涵的学术活动。在当代条件下，对传统艺术中的审美价值及人文精神进行品鉴、激活与转化，延伸、作用于当今的现实生活。一方面，可以增强文化自信；另一方面，可以满足人民群众对文化生活的美好向往。所谓的"活化"，不是艺术语言的胡乱叠加，不是艺术形式的一味套用，不是图像元素的裁剪、拼贴，更不是材料工具突发奇想的混乱实验，而是追本溯源，诚心敬意地学习、传承和弘扬中国优秀传统文化。

三、案例课信息

（一）教学目标

1. 价值目标

通过学习，理解和掌握"活化传统"的教学内容和研究意义，树立"画品即人品"的品鉴观，弘扬优秀传统文化的价值观，培育如"哲人般思考，匠人般劳作"的"哲匠"精神；使学生在优秀传统艺术的熏染下，形成传承优秀传统文化的艺术观和创作观。

2. 知识目标

掌握保护美术文物、"活化"传统艺术的研究方法。以传统学理探寻传统艺术品鉴的原理和法则，以当代学术认识和梳理传统艺术，为后续的相关专业教学奠定方法论基础。

3. 能力目标

以"一人一器"为载体，从兴趣出发，培养自主选择研究项目的能力；以"三面深入"为方法，培养"材料—造型—学理"三个面向研究和品鉴传统艺术的能力；运用方法论原理，结合相关实践课程，培养理论与实践合一的研究能力。

（二）教学内容

1. 课堂设计思路

本课程以理念、方法、实践为教学内容。

（1）以"传统学理研究传统艺术，当代学术整理传统艺术"为核心理念。

（2）"三面深入"研究方法。

（3）"一人一器"教学方案。

（4）通过方法论学习，建立理解专业课程的知识体系，培养理论与实践合一的研究能力。

2. 教学重点

（1）以"传统学理研究传统艺术，当代学术整理传统艺术"为理念，通过"讲境界、分雅俗"的品鉴方法，理解传统艺术的审美语境；通过"分门别类、条理清晰、局部深入"的当代学术，培养表达传统艺术的学术能力。

（2）以"三面深入"的研究方法，体会材料、造型、学理三者在传统审美语境中的特殊关联性，打通品鉴传统艺术的相关知识点，形成品鉴传统艺术的基本能力。

（3）通过"一人一器"的教学方法，引导学生从兴趣出发，在传统书画和文房器物中寻找选题，确立研究方向，在实践中培养研究能力。

（4）理论与实践相结合、专业教育与人文熏修并举，培养学生"哲人般思考，匠人般劳作"的"哲匠"精神。

3. 教学难点

（1）当代学院教育对传统艺术的审美盲点。

（2）教学中"专"与"博"的矛盾。

（3）当代学院专业教育中，传统艺术理论与实践脱节、综合研究能力不足的惯性。

4. 对重点、难点的处理

（1）以传统学问系统化的原理和法则为依据，建构合理的学术架构，通过知识点教学激发、培养学生的审美感受力、学术理解力、艺术创造力、文物保护力与文化传承力。

（2）采用"一人一器"的教学方法，解决丰富的知识与有限的课时量之间的矛盾，使学生在独立学习与相互交叉的传统艺术研究中，形成相互影响的学术能力场，有效解决艺术鉴藏教学中"专"与"博"的教学矛盾。

（3）构筑对传统艺术全流程的研究框架，将"艺术经验"的感知、"传藏信息"的解读、"保藏技术"的研究作为品鉴、传承传统的学理基础，形成综合品鉴的学术思维和实践能力。

（三）教学方法

1. 教学过程

本课程安排在本科第四学期首尾各一周。

（1）课堂教学："活化传统"方法论教学讲解，培养学生建立艺术品鉴知识体系，为后续的专项研究构建学理框架；引导学生运用"三面深入"的研究方法，从兴趣出发，选择"一人一器"研究方向，完成全流程研究的方案拟定；将课堂学习延伸到课外，形成理论与实践并举的课内课外互动与拓展，最终以图文并茂的研究报告呈现成果。

（2）课程时间的特殊安排："课堂教学（学期初）—其他专业课—课堂教学（期末）—社会实践项目""活化传统方法论与实践"作为专业教学的前叙课程，是进入课程体系学习的重要一环，是整个教学架构中的基础。课内课外互动的教学安排，力图克服理论与实践脱节、专业口径狭窄等问题。

2. 教学方法

（1）本课程采用方法论教学，以传统学理研究传统艺术，以当代学术梳理传统艺术。

（2）运用"三面深入"的研究方法，从材料、造型、学理三个视角，理解传统书画、文房器物的品鉴与保护。

（3）通过"一人一器"的教学模式，激发学生研究兴趣，在各自选定的方向研究中，将课内研究延伸至课外学习，在实践中培养研究能力。

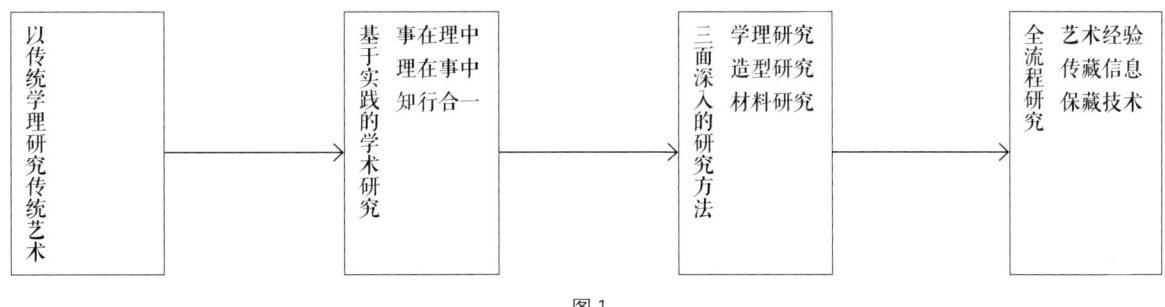

图1

3. 教学活动设计

"课堂教学（学期初）—其他专业课—课堂教学（期末）—社会实践项目"，在课程内外的实践中验证知识点，为后续的课程学习打下坚实的学理基础。近年来，本科学生参与了中国美术学院主办的"人在草木间"中国茶生活艺术展开幕式、"五水共治 寻茶鉴水"下乡实践与汇报展、杭州市政府主办的"亚洲文明对话"宋韵雅集活动，实现专业技能实践与社会服务相结合的育人目标。

4. 课程思政理念及分析

本课程以"活化"为核心，讨论传统艺术研究的方法论，以"传统学理研究传统艺术，当代学术整理传统艺术"的理念引导学生，传承、品鉴与保护优秀传统文化，增强文化自信。在感悟"艺术经验"、解读"传藏信息"、研究"保藏技术"中，唤醒传统艺术沉睡的价值。

（四）教学评价

（1）多年来，本课程作为前叙课程，助力"艺术鉴藏与修复"入选中国美术学院本科金课。

（2）于2020年入选中国美术学院"课程思政课堂"，2021年入选浙江省首届课程思政示范课程。

（3）教学成果汇集出版了艺术鉴藏系教学丛书之《活化传统方法论研究与实践》，成为艺术鉴藏系教学教材。

（五）教学创新

（1）构建"一个核心，三横三纵"教学框架。

（2）开创"一人一器"教学方案。

（3）提出"全流程研究与实践"教学模式。

（六）课程思政的理念与内涵

本课程以"传统学理研究传统艺术，当代学术整理传统艺术"为理念，以"讲境界、分雅俗""画品及人品"为品鉴标准，认识传统艺术，培养文化自信。

以"一人一器"为特色，"三面深入"为方法，培养学生将理论与实践相结合的"哲匠"精神。

（七）思政元素挖掘与思政素材选取

（1）通过传统艺术传承、品鉴与保护的技能学习，培养学生热爱优秀传统文化。

（2）通过理论与实践合一的专业学习，培养学生发现问题、解决问题的能力，在专业教育中达成育人目标。

（3）在以"活化"传统艺术为核心的教学中，培养学生在传承、品鉴与保护传统艺术的学习中，成为传统文化的传播者。

（八）专业知识与思政元素的有机融合

（1）本课程引导学生通过品鉴传统艺术、弘扬传统艺术，在探寻古人创作和研究所遵循的原理和法则中，感受中国艺术的博大精深。一方面，可以增强文化自信；另一方面，可以满足人民群众对文化生活的美好向往。

（2）在教学理念、研究方法和教学实践中，培养学生严谨的学习态度和精益求精的研究精神。

（3）"一人一器"将课堂教学与个人兴趣培养相结合，有效将课内学习延伸为课外研究、课题研究与服务社会相结合。近年来，本科学生参与了多项由杭州市政府、中国美术学院举办的重大学术活动，在实践中锤炼专业技能，将专业所学回馈社会。

为人民群众幸福生活拼搏、奉献、服务

——以改善社会问题为目标的『多维设计与策划』课程教学实践

陈正达

一、课程简介

　　多维设计与策划是视觉传达设计专业本科三年级学期项目制教学核心课程,强调多维的策略思考、科学的社会研究、灵活的创意训练、跨界的设计实践,致力于催生出有关怀、有温度、有情感的设计。本课程是浙江省一流本科课程,曾举办十一次教学成果展,获浙江省高等教育"十三五"第二批教学改革优秀项目、浙江省新形态教材项目、中国美术学院"哲匠金课奖"。

二、课程思政目标

　　以国家战略需求、社会民生问题、媒体聚焦事件为依托,以培养设计人的社会责任为核心,不断促进"隐性思政"与"显性思政"同向同行,提升学生的综合素养,塑造学生新时代的战略性角色,"为人民群众办好事,为人民群众幸福生活拼搏、奉献、服务"。

三、课程思政设计思路

　　1. 合理构建课程框架,强化思政育人理念。多维审视社会问题,理解对象真实需求,完成以"社会治愈"问题为目标的视觉设计与策划解决方案。将红船精神的内在机理融入理论与实践教学,提炼出适合视觉传达设计的策略思考和设计落地的工具"三钻模型"(见图1)。

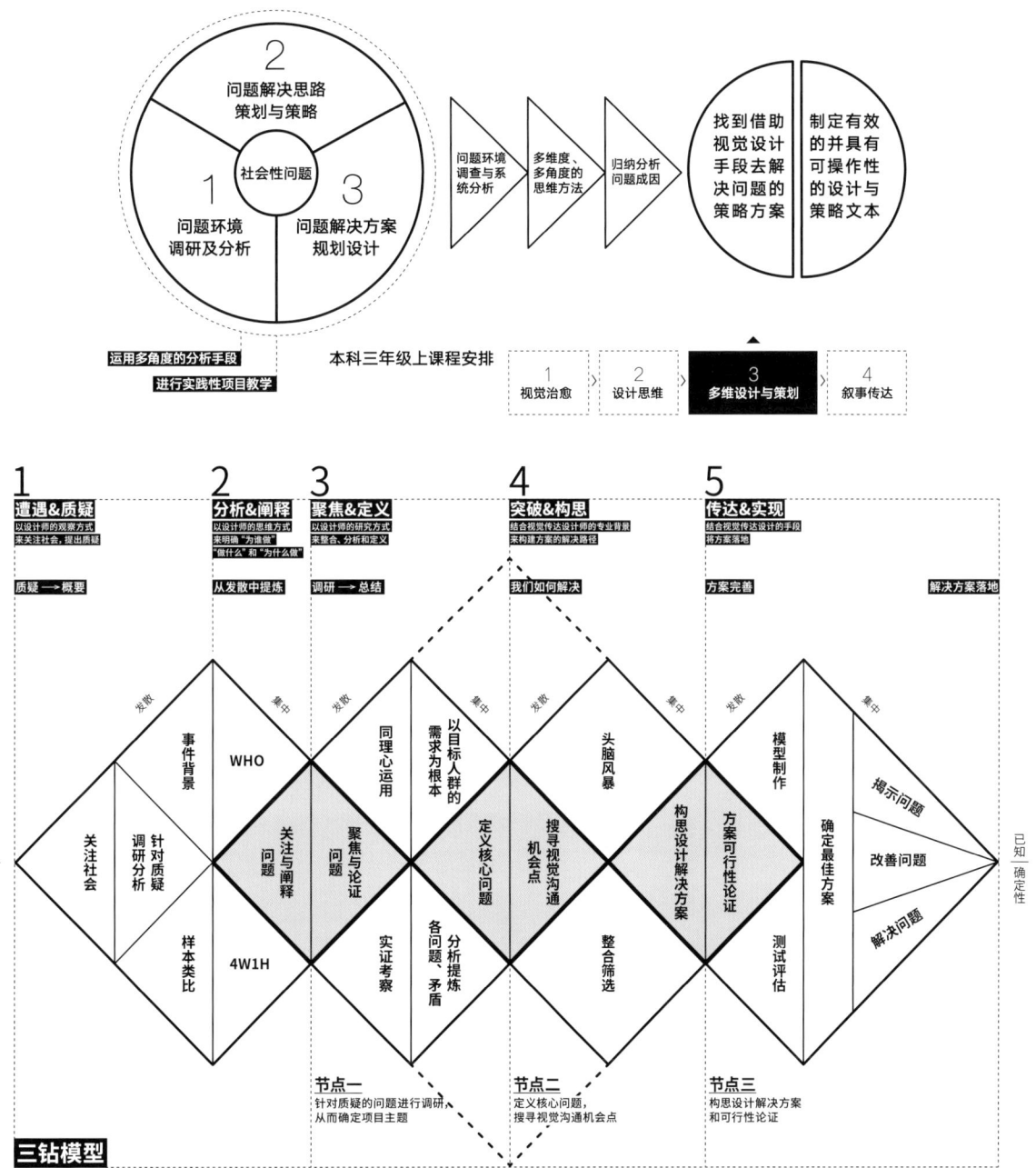

图 1　课程思政设计思路与研究工具

2．**构筑课程问题库，弘扬精神延血脉。**依托具有普遍性、典型性的"弱势群体""健康关怀""医疗改善""城市生活"等热点问题研究，展开项目化教学，打磨积淀课程问题库——"白皮书"（见图2），保障问题解决策略的完整构建和落地，传承服务为民的育人理念，弘扬开拓创新的首创精神。

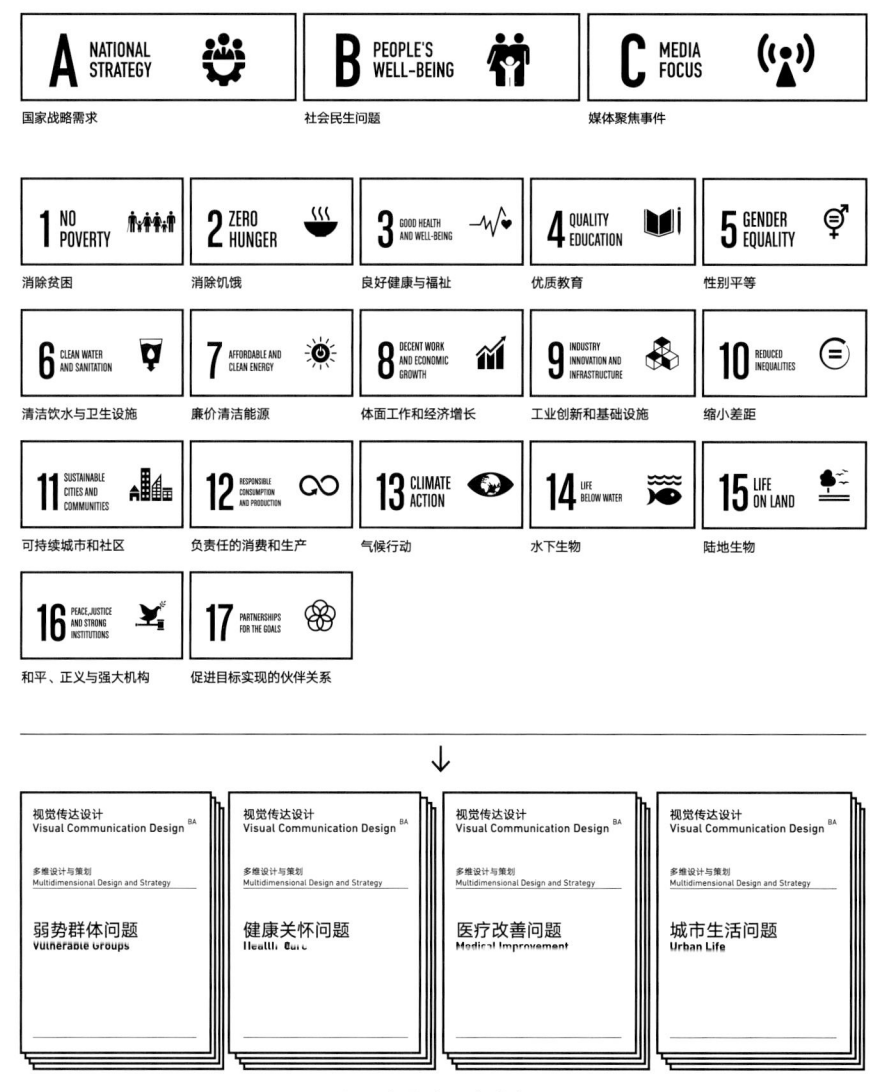

图 2　问题库"白皮书"

四、教学案例

实例 1　牙痛可视化

1. 知识点

图形语言、痛觉的视觉化表达、信息整合设计。

2. 教学目标

能够准确分析归纳出牙痛的几种类型和特征，以及不同年龄目标人群的需求和视觉语言特点，创造出合适的、新颖的图形风格，采用合理的信息整合设计手段，将抽象的牙痛视觉具象化（见图3），培养学生用专业技能服务大众、创建和谐社会的责任意识。

3. 主要内容

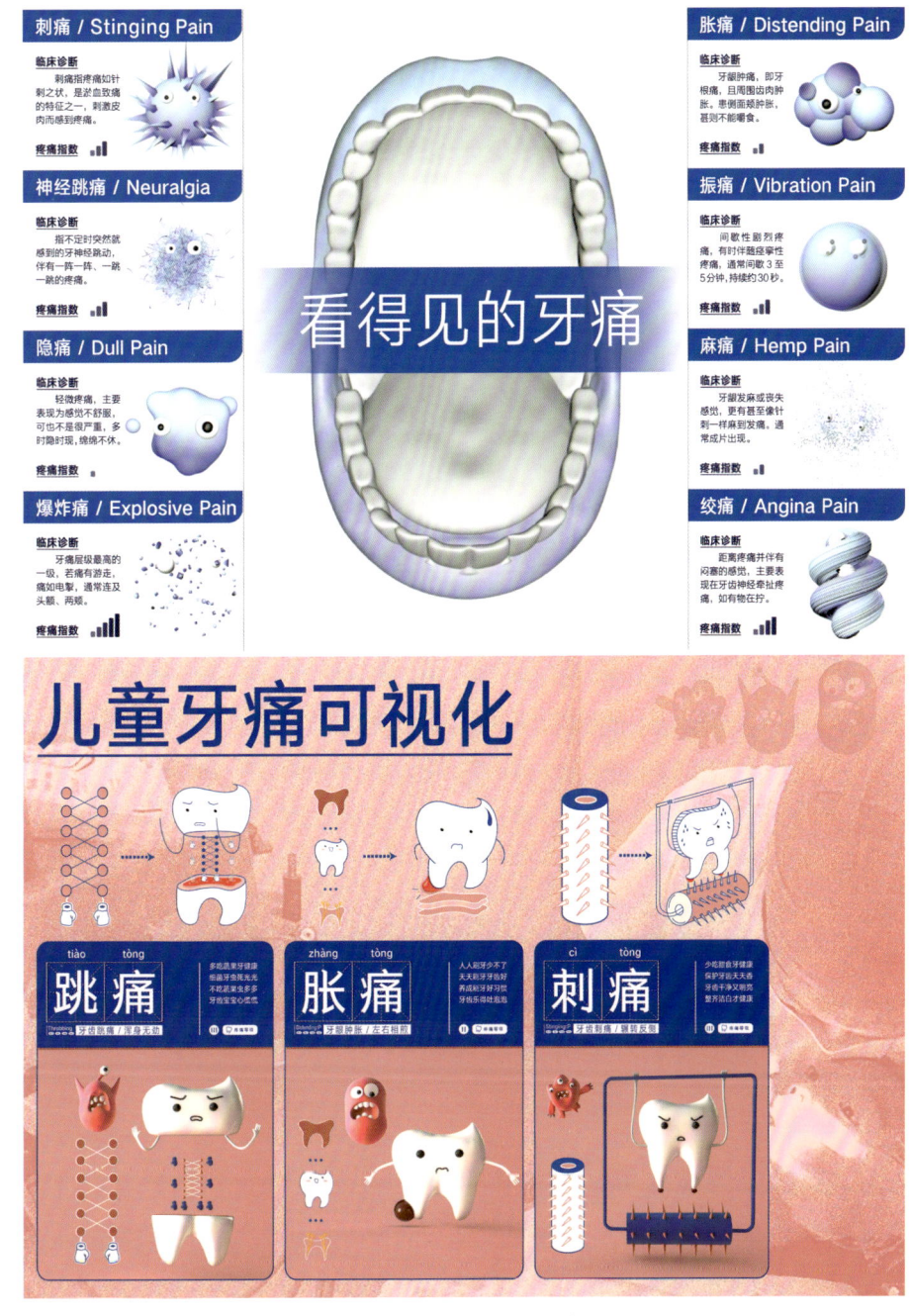

图3 "牙痛"可视化设计图

（1）内容描述。医疗中的疼痛是个相对抽象的概念，由于个体感受差异很大，人们即使可以指出疼痛的部位，也很难对疼痛类型和程度进行准确描述。以牙痛为例，虽然现在可以通过 McGil 疼痛量表问卷来全面评估疼痛的强度、感觉、情感、时间等，但实际应用中，患者常会因疼痛的抽象性而找不到与自己对应的分值，医生不了解患者的疼痛感受也就无法提供帮助或支持。"看得见的牙痛"项目以图形语言的手法，将疼痛的形式、层级等进行了视觉形象化的展现，探究个人疼痛的感受途径，个性化表述患者的疼痛经历，展示对疼痛特点认知演变的思考路径，帮助患者准确定位自己牙齿的疼痛状态，便于医患沟通和提高就诊效率。当目标人群为儿童时，会耗费更多时间进行沟通。如何在候诊、就诊等不同环节让儿童放松，成为设计的突破口。组员们结合儿童的生活经验，尝试用儿童的语言去表达疼痛种类，以更丰富的图形叙事性去描述疼痛感受，通过极具亲和力的表达，帮助儿童准确"表达"自己的症状，也减轻了儿童在就诊时的焦虑感。

（2）教学设计与实施。结合"三钻模型"工具，鼓励学生亲赴医院牙科现场，观察记录候诊、就诊以及诊后等不同阶段的人物状态和事件细节，对医生和语言表达有困难的病人（儿童、老年人、聋哑人等）进行采访或问卷调查。根据实地考察所获得的信息，开展课堂小组讨论，分析各矛盾点，定义核心问题，从而制订合适的解决方案。完成设计作品后，将作品带入医院，通过医生和病人的试错，来找出不足，改进设计方案。试错优化过程需要反复多次实践。

（3）教学方法。课程采用任务驱动法、小组讨论法等形式开展教学育人，引导学生们通过切身的感知去发现和呈现社会问题，以设计的想象力去探寻和构建解决方案，把真实的社会引入课堂，在现实问题的磨砺和启发中不断追问设计的根本，逐渐体味设计的伦理与善意。在学生策略构建和设计呈现的基础上，结合课程创作主题思政元素的发掘，进一步引导本课程任课教师的价值引领、知识传递和素质提升三重目标，把思想引领和价值塑造融入课堂教学。

实例 2　药品误食问题研究与解决

1. 知识点

信息整合设计、图标设计、编排设计、色彩研究与设计、字体设计。

2. 教学目标

能够准确分析定义出核心问题，尝试不同角度来构建问题的解决路径，选用合适的专业技能，构建出不同的视觉面貌，准确地解决问题，从而培养学生多维的思考能力，树立保护人们生命健康为核心的道德准则，培养学生的爱国敬业、奋斗奉献精神。

3. 主要内容

（1）内容描述。几乎所有家庭都有家庭药箱，然而，对药用常识认识的不足、药品分类及其包装上关键信息不够突出等诸多问题易造成家庭药品放置混乱、误食或滥用的现象，危及人们健康。面对这个现象，"私人药局"小组成员做了两种不同方向的策略尝试。方案一：通过完善家庭用药管理系统，整合药品包装信息，解决归纳问题，降低误食药品概率。针对有儿童家庭、成人家庭和老人家庭三类不同群体，从人群特征、常用药品种类、用药特点和频率等方面进行调研，设计了适合不同药品包装的药贴，并通过 icon、字体、色彩等元素对信息重要性做了层级划分，方便正确阅读和食用。同时结合三款药箱设计，更好地帮助三类家庭解决药品收纳问题。方案二：降低直接食用药品频率，减少误食的概率。调研发现，很多常见小疾病可以通过营造"吃了药"的心理来达到治愈的效果。学生从这种用药心理出发，通过对废弃药盒进行再利用，用合理的替代物更换药盒内的药品，给患者创造不直接食用药品的机会，却因为产生类似于用药的心理暗示，来治愈疾病。该案例很好地反映出学生针对同一个社会问题，利用本课程的方法论，可以构建出不同的策略方案，从多种方向对该问题进行干预，最终的解决方案也可以呈现出丰富的面貌。

图 4　"私人药局"可视化设计图

（2）教学设计与实施。鼓励学生以小组合作的形式亲赴不同类型家庭（年轻夫妻家庭、有儿童家庭、老年人家庭）进行实地考察，寻找药品误食问题的根源。开展课堂小组讨论，尝试从不同方向对问题进行剖析，从而用不同的方式来解决问题。完成设计作品后，进行反复试错优化（见图 4）。

（3）教学方法。课程研究以社会话题类项目为依托，牢记"为中国人民谋幸福"的初心使命，注重对设计视角的"批判性重构"，对设计过程的"反思性实践"，融入案例法、实地考察法、课堂讨论等方法，培养学生发现问题、遇见问题、分析问题、解决问题的多维视野和素养。

五、案例成效

　　课程通过知识、能力和素质的有机融合，培养和提升学生解决复杂问题的综合能力和高级思维，学会在探索性学习实践中以多维度视角进行思考和分析，掌握设计策略和设计形式紧扣内容需求的能力，逐步形成一套行之有效的策划设计、设计实施和设计管理流程（见图5）。同时，学生在紧贴时事热点的实例分析探究中深刻领会"首创、奋斗、奉献"的红船精神，感受到视觉传达设计师所肩负的社会责任感，勇于拼搏，切实为群众办难事、破难局、解难题，增强人民群众的获得感、幸福感、安全感。

图 5　可视化设计汇总

胡 珂

东方视觉与现代传播

一、课程简介

　　东方视觉与现代传播课程是中国美术学院视觉传达设计系面向二年级的一门本科专业必修课，每年授课人数 100 余人。本课程一直在探寻传统与现代的融合，在培养学生提高专业能力的同时，希望通过多方合作，让传统手工艺走进教学课程，帮助传统手艺再生活化；让传统手工艺走近年轻群体，提升学生对于东方审美的认知。将传统文化的传承与拓展创新的理论与实践相结合，通过协同跨界的模式，完成从造图到造物的设计阶段，将传统东方文化进行重塑，激发学生在实验性拓展方面的综合设计能力。课程通过调研单元和主题设计内容，结合学生们自身的生活体验和设计知识积累，大胆地对传统手工艺产品进行改造，让传统工艺适应现代审美，来传递现代年轻人的审美观。经过创新活跃的思维碰撞，颠覆传统手工艺结构或技法，丰富传统手艺的视觉传播渠道，传递文化理想和家国情怀。

二、课程挖掘的思政资源分析

　　传承民族文化重点要做好创造性转化和创新性发展，以设计召唤民族意识，强化民族文化认同，进行融合时代的"再设计"。从 2017 年开始，课程与谷雨传统手工艺平台等多家机构进行产学研合作，推广传统工艺的现代设计活化应用，课程合作包括天竺筷、西湖绸伞、张小泉剪刀等 100 多项传统手工艺，涉及纺染编织、雕刻塑造、剪纸刻绘、陶瓷烧造、文房制作、漆器髹饰、印刷造纸、茶叶加工、酒类酿造等十多个类别。课程成果多次参与了杭州文博会、义乌文博会、宁波文博会、深圳文博会等一系列展会活动并获奖，给传统文化带来新的活力和新的面貌，创造具有民族文化价值与底蕴的新设计、新产品，激发年轻人的设计兴趣，为传承民族文化贡献力量，达到具有代表时代风貌的设计高度。

　　在培养学生关注传统东方文化的兴趣和建立创新传播意识的基础上，完成社会主义核心价值观的认同教育。通过专业知识背后的逻辑、精神、价值、艺术和哲学思想，以"润物无声"的形式将正确的审美追求、文化理想和家国信念有效传达给学生，将思政元素融入课程内容。一方面，东方视觉课程蕴含着丰富的思政元素，专业知识本身具有明显的传统文化、工匠精神与家国情怀的内容；另一方面，通过深度挖掘，在已有思政元素的基础上实现进一步拓展和开发，在知识传授中注重主流价值观和艺术观的引领。

　　课程旨在激发和培养学生建立传统东方文化的创新传播意识。通过结合传统手工艺活化、非遗产品推广、乡村振兴等专题设计项目，以传统手工艺为主题，结合东方的民间故事、传统文化、地域特点、历史典故等内容。将中国传统文化的博大精深在专业教学过程中进行渗透和传播，使学生"和美"修身、"文雅"养身，不断提升学生的品性和气质。激发和培养学生的综合设计能力，进一步打开从理论到实践、从传统到现代的通道。以中国传统美学为核心，坚持以文传道、以美育人，从而建立特有的文化身份和文化意识。立足传统、传承创新，启发并提升学生的艺术审美和综合素养，传播传统手工艺，弘扬东方传统文化，这也符合国家所提倡的"文化大繁荣、文化大发展"的方针政策。

三、案例课信息

（一）教学目标

1. 价值目标

课程围绕着东方文化的视觉呈现、历史发展的视觉演变、风土人情的视觉特征、物以致用的视觉差异等方面进行调研。从图形演绎的现代性、话题语义的时代性、材料工艺的转化性、器物活化的当代性这几方面来进行设计创作。

2. 知识目标

以传统手工艺为主题，结合东方的民间故事、传统文化、地域特点、历史典故等内容，搜集详尽的背景知识为设计素材，在传统文化的基础上建立新的视觉表达。课程通过结合传统手工艺活化、非遗产品推广、乡村振兴等专题设计项目，将中国传统文化的博大精深在专业教学过程中进行渗透和传播，使学生"和美"修身、"文雅"养身，不断提升学生的品性和气质。

3. 能力目标

课程要求学生注重传统东方文化的视觉表达，结合现代生活方式与传播媒介进行创新设计。从文创产品及文创 IP 的文化背景及使用场景去挖掘产品形态和功能，从新媒介、新科技和新材料运用等多方面进行衍生设计。立足传统、传承创新，激发和培养学生的综合设计能力，进一步打开从理论到实践、从传统到现代的通道。

（二）教学内容

1. 课堂设计思路

东方视觉与现代传播课程紧紧围绕着中国美术学院提出的"东方设计学"的学科发展特色，延续并融合了我系的图形图标、符号语意、装饰图案学等专业基础设计教学内容。这既是历史的传承，也是时代的需求，更是设计学科自身发展的内在规律的引导。在保留本土精神与传统课程结构的同时，课程努力创造了一个新的范式，同时丰富东方设计学的内涵建设。在学术脉络上，课程主要强调技艺的传承，注重深入理解后再造传统。加强设计思维和系统方法论，更深层次地发掘人的内在需求和情感。

在课程内设置传统文化研究与创新设计、汉字文化应用与字体设计、传统图案与图形语言等内容的专题比较及研究课程。从专题化理论教学、系统性实践教学、开放式合作教学三个维度，构建本课程的优化教学方案。关注学生的专业化和个性化差异，形成多元化考核评价体系，以期显著提升课程教学效果。以教学难点研究带动理论研究，形成系列教学论文和实践成果。

2. 教学难点与重点

该课程主要考察的是东方传统语境下如何赋予传统文化以新时代的思考，使文化内涵具备创新动力，在设计教学实践中逐渐形成东方文化的创新设计体。课程重点和难点在于结合当下的生活方式和审美要求，重新设计具有传统意味但不拘泥于传统，适合现代视觉系统语境中的传统活化与当代东方美学的视觉表达。

3. 对重点、难点的处理

逐渐培养学生从单一的专业基础学习能力向解决问题的综合能力提升。首先，是创意与图形的表现能力。其次，是文字意象的字体创作能力。最后，是主题转译和媒介遴选的落地能力。培养学生从项目调研、主题提取、创意设计、创作执行到项目落地的系统性思考，重点围绕从传统中重塑现代设计的意识。通过课程来检验学生在视觉传达设计系的三大专业基础课程中所需要具备的专业知识和技能，学生是否对设计的形式和功能进行关注，是否掌握了设计拓展及转化的方法，是否具有专业批判和思辨的能力。

（三）教学方法

1. 教学过程

第一阶段：通过综合研究东方美学特性、中国传统思维方式以及多元文化视野中的东方设计，视觉化系统性学习东方视觉设计的要素，对比视觉语意的异同，掌握东方视觉元素语言的设计与应用方法。以中国传统美学思想为核心，关注东方文化的视觉元素体系，激发学生对于东方审美的认知与想象力。侧重于传统视觉的研究和呈现，从设计理论的角度来思考文化遗产保护传承的问题。

第二阶段：研究东方设计中的传统与当代的关系，学习当代视觉传达设计中的设计趋势以及设计手段。思考形式与功能的关系，利用材料及工艺手法将传统东方元素进行转化。通过协同跨界的模式，完成从造图到造物的设计阶段，将传统东方文化进行重塑，激发学生在实验性拓展方面的综合设计能力。吸收现代西方的设计方法论，结合本民族特性，探索前沿技术，进行大胆创新，体现当代的设计语境。

第三阶段：东方视觉元素的传承与创新，从本质上讲，是一个基于传统文化的传承与拓展创新的理论与实践相结合的研究方向，是针对"从传统到现代""从乡土到时尚"的综合性创新研究。它是基于在时代发展与城市化进程中，对原本具有鲜活的艺术原创特征和深厚的民俗文化底蕴的优秀传统文化遗产的保护与发掘所提出来的思考。

2. 教学方法

通过六周的课程，结合学生们自身的生活体验和知识积累，大胆地对传统手工艺产品进行改造，来传递现代年轻人的审美观。经过创新活跃的思维碰撞，颠覆传统手工艺结构或技法，丰富传统手艺的视觉传播渠道。学习图形符号以及装饰元素在视觉信息中的应用方法，研究东方符号的特性和运用在视觉设计中的设计方法。研究东方设计中传统与当代的关系，学习当代视觉传达设计中的设计趋势以及设计手段。将中式的语言通过自身的转换，形成现代的视觉传播方式。利用各种材料及媒介，更好地促进传统东方视觉元素的有效传播。

3. 教学活动设计

课程与谷雨传统手工艺平台进行产学研合作,推广传统工艺的现代设计活化应用,包括天竺筷、西湖绸伞、张小泉剪刀等 100 多项传统手工艺,涉及纺染编织、雕刻塑造、剪纸刻绘、陶瓷烧造、文房制作、漆器髹饰、印刷造纸、茶叶加工、酒类酿造等多个类别。给传统文化带来新的活力和新的面貌,创造具有民族文化价值与底蕴的新设计、新产品。

(四)教学评价

课程成果多次参与了杭州文博会、江西文博会、深圳文博会等一系列展会活动并获奖,激发了年轻人的设计兴趣,为传承民族文化贡献力量,达到具有代表时代风貌的设计高度。通过"江西赣文化""九华立春祭"等专题课程设计内容的导入,富有鲜明的地方文化特色,贴近现代生活的文创主题使设计有颜值、有创意、有灵魂。无论是传承红色基因,还是推进乡村振兴,讲好中国故事,打好红色文化牌显得尤为必要。以极具认同感的影响力和感染力,传递国潮设计力量,共同推动传统文化回归。

(五)教学创新

(1)对教材内容进行创新,根据社会需要及知识的更新,发展重组教学知识板块,优化整合所用教案和讲义以体现时代性。精选教学内容,改进教学模式,在知识传授中注重主流价值观的引领。

(2)更新教学理念和方法,激发创新意识。增加学科前沿的、与实际密切结合的、能够指导社会实践的主题项目内容。同时,与谷雨传统手工艺传播平台、浙江非遗中心、江西景德镇陶溪川等多家公司与机构合作,将理论与实践教学紧密结合。

(3)通过剖析东方传统视觉文化的历史沿革及经典案例,综合研究东方美学特性,使学生理解传统、思考未来。启发并提升学生的艺术审美和综合素养,最终通过设计转化,将传统东方文化进行重塑,体现当代的设计语境,传播传统手工艺,弘扬东方传统文化。

(六)课程思政的理念与内涵

在培养学生关注传统东方文化的兴趣和建立创新传播意识的基础上,完成社会主义核心价值观的认同教育。通过专业知识背后的逻辑、精神、价值、艺术和哲学思想,以"润物无声"的形式将正确的审美追求、文化理想和家国信念有效传达给学生,将思政元素有机有效地融入课程内容。

传承民族文化重点要做好创造性转化和创新性发展,以设计召唤民族意识,强化民族文化认同,进行融合时代的"再设计"。因此,在教学过程中不断提升学生的艺术审美和综合素养,传播传统手工艺,弘扬东方传统文化,这也符合国家所提倡的"文化大繁荣、文化大发展"的方针政策。以中国传统美学为核心,坚持以文传道、以美育人,从而建立特有的文化身份和文化意识。

（七）思政元素挖掘与思政素材选取

课程以研究东方视觉系统为基础，将中国传统符号与当代设计方法有机结合，融入文化内涵和人文特征，再探究设计元素在当代多重领域的视觉表现力和创新可能性。通过结合传统手工艺活化、非遗产品推广、地方文化特色、民俗活动宣传、节庆文化传播等专题设计内容，多维度诠释传统文化的内涵和魅力，将中国传统文化的博大精深在教学过程中进行渗透。

（八）专业知识与思政元素的有机融合

教学的同时将思政元素融入课程内容。一方面，东方视觉课程蕴含着丰富的思政元素，专业知识本身具有明显的传统文化、工匠精神与家国情怀的内容；另一方面，通过深度挖掘，在已有思政元素的基础上实现进一步拓展和开发，在知识传授中注重主流价值观和艺术观的引领。从东方美学的角度共话传统手工艺如何走进现代生活，以年轻人的视角和行动去接触和拥抱传统文化，把理论知识转化为实际设计应用，通过新一代力量去探索非遗传承、乡村振兴、文化输出的新未来。

郎 青

室内纺织品纹样设计

一、课程简介

室内纺织品纹样设计要求学生在全球新理念新观念的背景下，从中国人的生活方式的需求出发，从创意的角度审视室内空间中纺织品整体设计，树立大设计概念，确立纺织品设计理念；把握市场信息与调研、人群定位与风格、传统审美与时尚概念、纹样主体与纺织品系列设计的方法与程序的关系，锻炼学生掌握创新思维和综合设计的能力。通过创意元素、设计元素、整合元素与应用元素"链"的程序训练，最终使学生掌握纹样设计原理与室内设计风格的内在联系及应用关系。运用相互递进的五个设计教学阶段（分别是课程概论阶段、市场调研和分析阶段、纹样创意阶段、母体纹样的创意和系列设计阶段、设计整合和纹样应用阶段），要求学生以纹样为核心，从创意创新角度审视与思考人与建筑、室内空间、纺织品的整体设计关系，并且掌握定位原理、设计原理、应用原理。在"东方设计学"的框架下，教学设计为"入境、入情、入理、入景"四个单元，通过纹样应用于纺织品、纺织品纹样应用于室内空间，室内空间以人为本等的内在设计循序递进关系的教学，强调市场与流行时尚、产业升级后的消费需求，紧密与市场结合、与企业结合的课程建设和人才培养。

二、课程挖掘的思政资源分析

课程在民族文化性、可持续性设计和产教结合等多个方面深入探索。培养学生认识中国传统经典纹样，重视承研中华文化和美学、强化学生对传统东方文化意识和思想，紧密结合国家发展方向与发展战略，为树立学生的东方设计思想与理论体系奠定基础，培育学生家国情怀和民族复兴意识，培育新时代具有社会责任感的设计师。

东方文化传承

以"东方文化与东方智慧设计"思想为核心，注重传统纹样的经典语言和时尚表达之间的关系及设计方法，在课程中引导学生关注传统工艺，将纹样活化和纺织工艺完善结合。以"社会关怀、人文关怀、民族关怀"为己任，培养具有东方文化自信、思辨能力、创新思维的高级复合型人才，讲好中国美学，做好中国设计。

课程参与设计扶贫项目，联合国"促进妇女参与文化发展"和"红设东方 时代缱绻"等思政项目，用设计的力量进行文化 IP 支持。

生态和绿色设计

面对资源浪费，环境污染等社会问题，将纹样设计和最终应用的纺织材料结合，关注绿色环保材料，纺织品可持续设计等内容的架构。

课程结合中国家纺协会的"家纺流行趋势"项目，关注生态绿色材料在室内纺织品设计和空间的运用，传达对生活环境的"绿色"意识。

产学研融通建设

强调设计的整体性概念，尤其是在产品设计领域，设计、生产、消费三个环节密不可分。课程把整体性设计方法和市场营销原理融合成一套系统性设计方法，在产业和学科中互动，通过产学融合的实践，促进设计的有效转换，培养适合时代所需的专业人才。

三、案例课信息

（一）教学目标

室内纺织品纹样设计课程要求学生以原创纹样为核心，审视与思考人与建筑、室内空间、纺织品与纹样的整体设计关系。既要树立大设计的观念，又要把握市场信息与调研方法；既要关注人群定位与风格，又要思考传统文化与时尚的关系；既要关注设计创意方法，又要把握设计合理性。训练学生通过全域的设计视野、系统的设计方法思考室内纺织品设计和空间等内在关联的目标。

室内纺织品纹样设计面向染织设计和室内纺织品设计专业四年级学生，专业必修课，100 学时。在染织和室内纺织品设计教学链中起到承上启下的作用，将前三年所学的专业知识和技法综合在此课程中呈现，并为接下来的毕业设计做好良好的铺垫。

（二）教学内容

应对复杂对象的纵横交错、千丝万缕构建主体知识结构，培养并发挥学生"独立思辨、原创设计、整合应用"的综合素质与设计能力。课程整合资源、系统构建、形成特色，在长期教学中不断反思、梳理、构建、再提升，形成一套独特的课程顶层设计结构：一思想、二链接、三原理、四造图、五入景、六观念，循序渐进、纵横体系、完善特色。

（三）教学方法
1. 教学过程

入境：学生在了解室内纺织品基础知识的情况下前往家纺品牌店、家纺市场、家纺工厂和纺织博览会，多方面地进行调研，整理调研报告；

入理：在前述基础上整合人群分析和设计定位，既要有设计师系统思维，也须具备消费者文化思维；

入情：学生以东方图案为核心，将高阶的审美情操和落地的项目设计能力相结合，进行主版纹样和母体纹样的设计创新和风格把握以及系列纹样的演化；

入术：学生具备宏观的空间和产品设计全域思维能力，思考纺织品的设计和工艺关系，纺织品风格和空间关系，纺织品系列化设计和产品关系等；

入景：将设计纹样进行实物呈现或者空间运用，掌握设计的应用能力和综合能力。

2. 教学方法

（1）通过系统复合式教学为学生树立全域性设计思维。以纹样为核心，了解掌握流行趋势和产业之间的关系，思考传统和现代转化之间的关系，把握设计和材料工艺之间的关系，权衡纹样、人、空间、生活方式全域系统观和方法等问题，要求学生掌握定位原理、设计原理、应用原理。

（2）通过实践体验教学方法，让学生走出课堂并根据课堂讲授内容前往纺织品商业门店进行实习调研，了解消费者习惯和文化，将市场实际需求作为设计的基点，最终服务于设计。同时课程开设时间段是各大家纺博览会召开期间，又整合博览会流行趋势和国际创新流行趋势，将需求和趋势紧密结合，将专业设计和设计终端紧密关联，使学生掌握从消费、定位、设计原点、创新设计到设计应用的完整设计流程。

（3）理性和感性结合的教学方法让学生既具有原创思维又具有落地实施思维。培养艺术和情感审美思维，同时以时尚消费心理和文化需求为导向，引导学生构建消费情境，捕捉流行趋势，对潮流市场提出批判性的见解，从项目情景式教学角度入手形成对设计的感性和产业的理性思辨。

3. 教学活动设计

（1）东方图案美学思想的引入

课程引导学生关注传统图案的造图艺术、意境的营造以及东方图示设计思维，通过色彩、物象、构图形式等传达和渲染东方美学意境与情感。

（2）东方图案元素的引入

关注传统文化，加强学生对传统图案的认知，要求学生在东方生活美学的语境中，观察和参阅传统图案装饰特点，选定文化符号（图式、物品）、风俗、民俗、典故或话题，在主题设定过程中研究中国传统文化艺术的审美精神，兼容并蓄，传承出新。

（3）东方图案构图的引入

课程中加入经典图案的构图分析，学习东方图案的造图格律，将东方特色的造图结构和时尚化的元素形成符合当下审美的纹样，通过东方审美和哲学的感悟和认知，和谐的构图方式，在图案与美学思想中体现东方图案格律之美。

（四）教学评价

室内纺织品纹样设计教学卓有成效，课程作业每年参加国际国内多种纹样设计大赛，多次获得金奖、银奖、铜奖及优秀奖等。从学生作业的规范性、统一性、完整性中可以看出该课程教学体系的系统性与严谨性，以及知识的深度和广度。课程的教学质量与教学成果突出，得到了全国高等艺术院校与行业的一致好评。同时课程也获得多次课题建设和立项，2009 年室内纺织品纹样设计课程获评为浙江省精品课程、精品典范课程，2016 年获评为中国美术学院精品课程，2017 年获评为中国美术学院创新创业教育改革示范课程，2019 年获评为省级一流建设课程，2020 年获得省级思政示范课程，2023年获得国家一流课程建设。

（五）教学创新

1. "定位"分析

从人群、风格、产品与市场的定位分析入手，通过专业零售实习等调研，了解创新设计和设计终端的紧密关系，导入市场营销理念，强调市场调研分析、人群与生活方式定位。

2. 系统性和全域性

课程是以室内纺织品为对象的综合性、整合式、系统性和全域性纹样设计课程。以室内空间为宏观设计载体，再落点纺织品纹样设计的系统方法，学生探究文化思考、创新方法、市场经验、产业转化、设计程序等问题，以及掌握纹样、人、空间、生活方式的全域系统观和方法。

3. 东方文化和设计

以"东方文化与东方设计哲学"为核心，传承和发扬中国传统文化思想及纹样元素，通过以纹样创新，立足于东方设计学角度，做好中国设计。

4. 情景式教学

以艺术和情感为驱动力，从灵感的找寻、元素的确定、表现语言的创新、应用情境的创新、传播方式的创新等维度，调动学生艺术的感知与表达，感受美、创造美、传播美，呈现高阶审美培养和创造性视觉语言。

5. 产业平台优势

借力专业平台和长三角产业优势，邀请国际导师，促进不同文化之间的多元交流，学生具有国际化意识、知识结构和视野，形成开放性的创意思维。聘请企业导师实行联合指导，打通课程相关的产业资源，注重知识协同，拓宽学生的行业视野，完善课程成果的价值转化，助力行业发展。

（六）课程思政的理念与内涵

专业教育和思政教育具有相互依存、相互促进的作用，课程中找准合适的教学切入点融入思政内容，是取得良好教学效果的重要条件。

室内纺织品纹样设计作为专业必修课程，在整个思政设计框架中，注重东方传统文化和审美观念意识培养，引导现代设计的理念和价值取向，学习古人在造物过程中的智慧，同时关注可持续绿色材料在设计中的实施和应用。通过不同思政内容的注入，培养具备东方文化和审美素养的设计师，融中国传统文化之"意"和"美"，以培养学生"品"和"性"于课程中，探索符合中国特色的艺术设计教育模式，培养学生的家国情怀和爱国主义精神。

（七）思政元素挖掘与思政素材选取

东方设计意识

在图案教学中关注"东方设计思维"与"东方图示"的营造和表现，引导学生借助有形的东方图案的美学元素来表达无形的东方意境、造图思维以及文化意识，彰显中国传统文化内核和自信，传承和活化东方美学文化，塑造好符合当代审美趋势的既传统又现代的设计语言。图案教育设计课程在"东方设计学"学科的核心思想与"传统活化，本土重创"指导思想下，以"东方时尚"为研究方向，以此架构相关教学、研究与课程的体系建设。

东方造物和创新

在人文思想和东方精神指导下，引导手工艺创作的个性彰显，形成现代中国手工艺的新发展趋向。通过传承更多的是传统工艺的精神内涵和意义，提倡"匠人精神"的生活方式来面对全球化和现代性问题，以此重新审视传统工艺本土造物的文化价值，从文化创新的角度良性理解传统工艺与前沿设计之间的关系。在培养过程中认识手工艺价值、创设与实现的基本要求和内容，也是构成手工艺传承创新必要的要素，学生体现为心手合一的体悟过程中所获得的精神享受。

（八）专业知识与思政元素的有机融合

（1）东方图案美学思想的引入；

（2）东方图案元素的引入；

（3）东方图案构图的引入；

（4）传统工艺造物的实施；

（5）关注可持续绿色材料和设计的关系。

日用器皿

11

一、课程简介

日用器皿是陶瓷专业核心课程，历史悠久，源于 1960 年邓白创建陶瓷美术专业时的陶器设计课程，任课教师有邓白、高建新、李松柴、陈淞贤、刘建国、刘正等。1981 年基于课程的"恢复南宋官窑青瓷（器皿）研究"获文旅部科技成果奖；1999 年开设器皿国际工作坊教学；2010 年"手工陶瓷器皿设计"获浙江省级精品课程；2014 年"手工陶瓷器物课程群的建构与实践"获浙江省级教学成果二等奖；2015 年深化课程教学内涵，2018 年获国家级教学成果一等奖。

二、课程挖掘的思政资源分析

以"中国特色、一流样本"为目标，以材料工艺建构设计思想为根本，以成型方式推演陶瓷器皿创作为路径。强调理论与实践并重，在专业链状工作坊教学方法指导下，从基础理论、材料认知、工艺技能、造型规律、创意思维等方面，让学生获得器皿设计上手的经验感知，具备造型、设计、材料、成型、烧制的系统知识，并拥有对造型规律和设计过程的调和能力。

日用器皿系列课程以传承中华优秀传统文化为己任，加强学生对中华优秀传统器物文化的认知理解。课程中，使用传统经典器物案例作为教学示范案例，要求学生对器物进行深度解读，全方位了解器皿成型过程及其背后的文化、社会、经济因素，从而树立学生对中国传统器物文化的全面知识架构。

课程深耕课堂教学，通过绘制、临摹等方式深刻理解优秀传统器物之美。课程践行"中国传统工艺振兴计划"，以陶瓷传统成型工艺为基础，要求学生掌握三大基础成型工艺，在动手实践中厚植家国情怀、民族情怀，全方位树立学生文化自信。

（1）活化传统工艺，完整保护文化资源，建构民族陶瓷艺术的资源库。践行国家传统工艺振兴计划，拓展陶瓷文化的社会价值与产业空间。

（2）深耕传统和当代陶瓷艺术创作木体语言，围绕器皿艺术设计的定义、文脉、特质、材料、工具、造型、思想、表达等展开多视角的剖析，建立作品优秀案例库。传播器皿设计教学理念，为当代日用陶瓷生态的转型与创新提供思想方法与技术手段。

（3）延展资源渠道，结合国家非遗研培，依托学院主办的双年展等平台，联动国际院校资源和跨文化合作项目，拓展手工艺行业导师，形成资源的多元立体结构。

三、案例课信息

（一）教学目标

1.知识目标

（1）掌握器皿造型元素的认知方法；

（2）掌握器皿材料成型的制作过程；

（3）掌握器皿创作规律的艺术语言。

2.能力目标

（1）拥有器皿造型基本元素与节点关系的分析能力；

（2）拥有器皿造型材料工艺与核心技艺的制作能力；

（3）拥有器皿造型内外空间与艺术表现的创作能力。

（二）教学内容

1. 课堂设计思路

聚焦中国传统陶瓷器皿造型的美学规律，由浅入深，以基础训练、认知分析、创作研究为主要授课内容，强化过程学习，以链状结构分层递进，实施"观看—理解—仿制—尝试—创作"五步教学模式。课程从基础工艺的练习切入，通过资料搜集、基础练习、批评分析等方式展开训练，培养学生对于器皿基本造型的理解分析能力和相应的上手实践能力。

2. 教学重点、难点与方法

（1）消解陶瓷器皿工艺制作与语言表现的固化现象；

措施：改变工艺制作过程的环节设计，衔接器皿造型与制作技艺的脱节；

（2）弥补陶瓷器皿造型规律与形态认识的不足；

措施：细化器皿原型的分解重构训练，贯通器皿设计从轮廓平面形到立体造型之间的转换路径；

（3）黏合陶瓷器皿设计思想与材料工艺脱位的状况；

措施：设置器皿造型材料设计的创意思维方式，修复设计构思与材料工艺语言艺术表达之间的碎片化。

（三）教学方法

1. 教学过程

日用器皿课程以陶瓷器皿基本造型的认知为主要授课内容，聚焦器皿造型的各个组成部分的深度认知，包括口沿、肩颈部、腹部、底足的观看方式与表现处理。课程注重器皿基础造型的研究，兼顾部分基础工艺的练习，如拉坯、接坯、修坯等环节。课程通过基础练习、文本资料搜集、拷贝模仿、批评分析等方式展开，培养学生对于器皿基本造型的理解能力和分析能力，同时具备相应的上手实践能力。

该课程作为陶瓷艺术创作与成型工艺衔接的基础课程，面向手工艺术学院陶瓷艺术系三年级开设。课程教学要求学生掌握器皿基本造型的观察关键点，正确绘制器皿的轮廓图与剖面图，了解器皿创作表现的基础要素，梳理掌握拉坯、接坯、修坯工艺，完成完整器的制作全部流程。

这是一门从文本绘制到立体创作的转化课程，与前置课程"成型工艺"、后置课程"日用器皿（茶具）""日用器皿（花器）"形成起承转合的关系，是学生掌握陶瓷器皿创作基本要点的关键课程。该课程从对传统造型器皿的理解、模仿出发，到理解器皿各个部分的比例关系、表现手段，再到实际制作完整器，使学生建构起陶瓷器皿创作的思路和创作模式，为后续器皿创作的深化、个人艺术表现语言的植入打下深长的基础。

2. 教学方法

日用器皿是一门以实践示范为主的课程，主要采用教师示范、案例分析、课堂问答的方式开展。同时，在实践的基础上，课程设计了一系列纸面练习作业，加强学生理论研究和纸面绘制的能力。该课程以多种多样的课堂形式开展，丰富教学内容，鼓励学生前往博物馆、美术馆、图书馆，积极开展课堂外教学。亦尝试采用视频结合讲课，为学生提供多样的课外学习资源，培养学生合理分配时间的习惯。

（四）教学评价

十余年来，共有 400 余名学生必修本课程。景德镇陶瓷学院美术学院院长何炳钦评价本课程在教学上大胆探索，淡化器皿纸面设计，强化图纸与实验制作糅合的工作坊教学，做到了理论和实践有机结合，值得同类院校借鉴学习。清华大学美术学院陶艺系主任郑宁认为，该课程以作坊为基点，深入展开以手工实验为主线的陶瓷器物设计创作教学研究，特色鲜明，成绩突出。

负责人获国家级教学成果一等奖，省级教学成果一、二等奖，2 项国家社科基金，获评省级优秀教师，课程主讲教师获校级青年教师技能大赛二等奖，为课程建设起到引领和支撑作用。课程作为主要案例支撑教学成果奖申报、国家本科教学评估等，学生累计有 50 余件作品入选"全国美术作品展览"、省级美展等重要学术展览，其中 3 件获第十二、十三届全国美展最高奖。

（五）教学创新

1. 理念创新，突出三种"能力"，强化三个"贯通"

在"活化传统陶瓷工艺，聚焦国际前沿研究，立足时代生活美学"的理念指导下，围绕以人为本的人才培养目标，通过"形为一体、神为一脉"的系统化设计和校内外优势资源整合，强调对学生陶瓷器皿艺术设计应用能力、实践能力和创新能力的培养，实现课程教育体系的逻辑贯通、专业能力的融合贯通、理论与实际的结合贯通。

2. 模式创新，强化教学资源建设，构筑陶瓷器皿课程新模式

集聚校内外优质资源，构建材料实验、成型工艺、跨界融合、社会名企、国际展览、国际驻场 6 个教学资源渠道，通过整合理论与实践、课内与课外、基础与专业、专业与跨界，有效衔接教学内容，重构陶瓷器皿课程教学模式。

3.实操创新，优化专业实验室和课程建设，实行材料、工艺的实验建构设计思想的教学新实践

采用多元化教学,消除专业知识结构和教学方法单一的弊端,提升专业服务社会和产业升级的能力。

（六）课程思政的理念与内涵

陶瓷日用器皿Ⅰ课程思政的主要理念是以中华优秀传统文化的传承与振兴为核心，要求学生掌握陶瓷艺术的基本创作方式。陶瓷艺术是中国具有代表性的艺术门类，是技术与艺术的结合，极富时代特征。自古以来，中国作为陶瓷大国，创造了举世瞩目的成就，是中华文化的集中体现。

陶瓷日用器皿Ⅰ课程系统讲解陶瓷器皿的成型方式与创作理念，以经典陶瓷器物作为讲解对象，深入分析器皿的造型美、工艺美、装饰美，同时结合器物的时代背景加以讲解，透彻讲解器物背后的文化内涵。

（七）思政元素挖掘与思政素材选取

（1）经典陶瓷器物的文化传承；

（2）优秀传统工艺的技术创新；

（3）中国陶瓷艺术的审美内涵。

（八）专业知识与思政元素的有机融合

（1）将中华优秀传统工艺代入陶瓷器皿成型工艺的技术教授；

（2）将陶瓷艺术的文化内涵代入陶瓷器皿艺术创作的理念教授；

（3）将经典陶瓷器物的审美感知代入陶瓷器皿创作的艺术提升。

一、课程简介

本课程根据学校"四通人才"培养的总目标和手工艺术专业的特点，强调铸造诗性的人文情怀，冶炼手作的实践温度，立足本土、熔融世界，打造手艺的民族特性与思想精髓，探索当代中国窑铸玻璃的本体语言。以手工艺术理论为基石，以"链状工作坊"为教学方法，教授造型、设计、材料、成型、烧制的系统知识，是创新应用型玻璃艺术专业人才培养的核心课程。

课程从理论、材料、工艺"三位一体"的创作方式出发进行教学。从理论研究开始，首先为学生铺垫铸造工艺的文化背景知识，加强学生对中国玻璃传统文化认知并聚焦东方玻璃人文精神。巩固窑制玻璃基础工艺流程、泥塑成型技巧、翻制技巧、温度曲线设定，为学生提供实操经验教学。结合理论与实践内容，对学生的创作方案进行辅导分析，最后制作玻璃模具并烧制完成，熟练掌握完整的玻璃铸造工艺的创作流程。

学生通过三维造型系统的观看方法的训练，掌握玻璃铸造成型的制作过程，剖解玻璃材料语言的民族特色，拥有体系研究思维与概念创新表达的实践策划能力，拥有造型材料工艺与铸造核心技艺的实际制作能力，拥有跨界知识融通与混合联动组合的实验创作能力。

二、课程挖掘的思政资源分析

本课程将课程与思政紧密融合，强调专业知识与社会的联系与融通，注重培养学生在艺术创作过程及创新思维中养成严谨的科学实验态度。在学习中有效融通思政与专业实践，解决学院教育与社会生活的断联，从而提升课程中蕴含的育人元素。在思政教学理论为指导的前提下，通过研习、上手劳动去拓宽学生视野，在学习实践中融入中华优秀传统美德、工匠精神，引导学生树立正确的世界观、人生观和价值观，以培养适应新时代文化强国战略所需的充分发挥美院优势的高层次社会主义艺术人才。

作为窑铸玻璃课程教学体系的重要支撑，从提升玻璃窑铸工艺整体水准的基本要求出发，加强"材料建构思想"的观念意识，立足"民族"的文化根基，研究"窑铸"的创作方法；紧扣"手作"的实践体验，打磨"手工"的精湛技艺；解读"工艺"的当代价值，活化"传统"的当下应用。通过课程学习，学生具备较强的三维塑形能力、掌握基础的模具翻制技巧、研究玻璃铸造的烧成规律；进而培养解决问题的能力与方法，打磨手工技艺的工艺与技法，探讨实践研究的方式与规律。课程建设一直渗透着以下三个层面的思想：①触摸材料的温度，课程强调材料语言的研究，在不断地与材料的亲密接触中感受材料的温度，丰富创作的体验。②筑造手艺的高度，课程强调"工"与"技"的精湛，手工技艺始终是成就"思想"的有力支撑，在工艺的研磨中筛选出独立的学术品格。③汇聚思想的浓度，课程强调创新思想的重要性，活跃的思想始终是激发创新的源流，提炼精华的思想，塑造时代的精品。

1．立足东方美学创新，聚焦国际玻璃艺术铸造研究

旨在通过"格物"传递"精神"的时代美学的新理念，促进该课程教学对学生思维模式、艺术哲学思想、专业技能等的融会贯通，构建课程教育体系逻辑贯通的新形态。通过理论实践，课程内外实践，基础与专业、专业到跨界的整合，有效衔接教学实践内容，实现玻璃艺术设计课程教学模式的重构，达到实践育人目标。

2．强化教学实验工坊平台的资源建设，打造玻璃艺术铸造工艺与创作新模式

通过国际、国内两方面优质教学资源的整合，以及"国际化课程、国际工作坊、驻地艺术家"模式构建优势教学团队与教学形态，并构建"思政课程后"教学成效延伸的国内外专业展览、企业实践、驻地艺术项目等多元化模式，以此对教学目标进行强化和提升育人模式。

3．优化实验"上手劳作"与专业理论的互融课程建设，强化材料、工艺、创新思维的立体教学模式

对专业实验室和课程建设进行优化，通过系统教学设计和校内外优势资源的整合，强调对于学生玻璃艺术作品设计并实际应用于创作能力的转化和培养。将铸造工艺中的技术、思维方式融入多维度艺术语言的教学实践，提升专业能力实用于社会的创新发展和创造性产业转化的能力。

该课程强调"心手合一"，"心"是静态的酝酿，更代表了思想的深度；"手"是活态的耕耘，更体现为工匠的精神。该课程模块已成为国内高校同类课程体系中教学规模最广、普及程度最高、文化传播力最强的专业精品课程，为国内培养了一批优秀的玻璃艺术创新设计专业人才。①打造玻璃专业核心课程群；开展在线课程资源建设，推动线上线下的双线混动教学；对已有的线下课程进行深化改革，同时探索线上课程新模式；夯实实践专业课程基础，申报国家一流思政课程，扩展玻璃艺术设计专业的学术影响力。②强化课程内涵设计，探讨民族教学特色，推进产学研合作，连接社会资源项目，引导课堂教学体系，优化利用社会资源，使社会资源与教学双方相辅相成；培养玻璃艺术专业优秀人才，为国家传统工艺振兴计划服务。③强化基础理论建设，挖掘东方审美特质；优化课程资源配置，拓展学术研究视域；融合时代精神理念，凸显手艺思想价值。优化课程知识结构，提出项目化学习模式，通过挑战性的课题锻炼学生深入思考、创新、创造能力。④树立民族文化自信、扩大对外传播交流；提升硬件教学设施，服务科研创作平台。进一步加强校级合作教学团队，提升教学、科研、产业化的专家资源。

三、案例课信息

（一）教学目标

1.价值目标

（1）坚持以人民为中心的创作导向；

（2）弘扬传统工艺文化与审美精神；

（3）强化工匠精神与上手创新自觉。

2. 知识目标

（1）从塑形翻制技巧转向创作实践；

（2）材料、技法和观念的整体融合；

（3）玻璃铸造创作特点与规律把握。

3. 能力目标

（1）培养解决问题的能力与方法；

（2）打磨手工技艺的工艺与技法；

（3）探讨实践研究的方式与规律。

（二）教学内容

1. 课堂设计思路

首先为学生铺垫铸造工艺的文化背景知识，加强学生对中国玻璃传统文化认知并聚焦东方玻璃人文精神。巩固窑制玻璃基础工艺流程、泥塑成型技巧、翻制技巧、温度曲线设定，为学生提供实操经验教学。结合理论与实践内容，对学生的创作方案进行辅导分析，最后制作玻璃模具并烧制完成，熟练掌握完整的玻璃铸造工艺的创作流程。

通过理论学习实物创作，学生掌握玻璃综合材料的运用和表现方法。课程重点解决铸造中的材料和成型问题，有助于让学生理解玻璃材料的特性、玻璃材料的温度曲线、玻璃的后期加工等系列操作过程，逐渐形成个人铸造艺术创作理念，为毕业创作夯实基础。

2. 教学重点

玻璃铸造的工艺全流程的认知和实践。

3 教学难点

工艺流程的掌握向个人创作实践转化。

4. 对重点、难点的处理

以学生的自主探索为主线，通过对经典作品从工艺到审美多方面的分析与学习，把握创作的技术难点与艺术创意的特点，使学生充分联系自己的选题与制作，完成作品。

（三）教学方法

1. 教学过程

	周一	周二	周三	周四	周五
第一周	课程介绍 创作方法讲解	创作目标 创作方法	布置作业 基础练习	搜集资料 基础练习	搜集资料 查阅书籍
第二周	玻璃铸造的 流程与技法（讲解）	构思来源 草图方案	方案一期汇报 修改、调整	方案深化以及 创作实施进度计划表	方案优化 烧制试验
第三周	玻璃铸造的解读 作品赏析（讲解）	方案定稿（优化） 课堂讨论	模型制作 细节设计	模型制作 材料实验	确定模型（修改） 调整泥稿
第四周	实物制作 模型微调	石膏翻制 称水、计算玻璃重量	模型翻制 细节讲解	模具放置以及 玻璃原料摆放	窑炉烧制 后期处理计划 课程总结

2. 教学方法

（1）理论教学与工作室实践有机融合；

（2）个人探索与小组交流的有机互动；

（3）经典案例与创作任务的联系思考；

（4）教师示范与作业点评的点面指导。

3. 教学活动设计

以学生为中心，理论解析与劳作上手相结合、教师示范与学生自主探索相结合，在理论教学中强化学生审美认知，强化学生对传统工艺的体认，拓展学生玻璃文化的知识视野，在实践教学中强化学生动手能力和技术认知（见表1）。

表1

教学内容	课程思政育人目标	教学方法
玻璃铸造的理论与材料	加强学生对中国玻璃传统文化认知并聚焦东方玻璃人文精神	理论讲授
玻璃铸造的流程与技艺	传使命话担当，为社会、为人民贡献重要"美育"青春力量	实操示范
玻璃铸造的工序与方法	树牢初心，不畏熔炼，依托浓郁中华文化，坚守"文化自信"	实操示范
玻璃铸造的解读与赏析	以玻璃精神铸自我、自立、自强	优秀作品赏析、解读

（四）教学评价

学生在前两年玻璃铸造的技术实现的认知与实践基础上，从理论意义上对传统和当下的一些玻璃艺术作品进行批评解析，既有助于学生对此前学习的铸造技术背后的文化和审美的深入理解，又有助于过渡到学生的个体实践和自主创作，拓展了学生的视野，强化了学生联系材料、技术和时代的能力。

（五）教学创新

将玻璃艺术与时代生活紧密联系进行学习与思考，使"技与道"有机融通，超越传统工匠教育。

（六）课程思政的理念与内涵

课程思政不是将思政内容植入课程，而是从课程本身出发，挖掘课程内涵，使课程获得立德树人的内在张力。

（七）思政元素挖掘与思政素材选取

艺术与政治、社会、历史、时代、生活的天然联系，使玻璃铸造这门看似较强技术性的课程有着极大的思政容量，即可从传统精神的弘扬、技术文化的传承、时代艺术的使命等多方面选取思政素材，丰富课堂教学。

（八）专业知识与思政元素的有机融合

"技"与"道"本来就是一枚硬币的两面，两者的割裂是我们需要避免的问题。通过"作品"这一联结，一端与技术相关，一端与社会生活、民族精神和时代要求密切相关，形成了专业知识和思政元素的有效贯通。

辨通素养

王昶

13

一、课程性质与目标

（一）课程性质

辨通素养是创新设计学院专业必修课程，课程旨在打造符合学院发展定位的课程模式，对接学科前沿动态与社会发展需求，通过课程建设打造无墙的学院，形成跨学科教学模式。课程设置"审美判断与社会感知""技术学习""创新突破"三大主题，对一、二、三年级本科生进行 6 学期、18 个单元主题的纵横贯通式教育。强调从中国文化出发贯通传统与现代；强调知识与真实世界之间的联系；强调设计为社会服务的理念和担当；营造有专业氛围的学习环境，让大学生活浸融在育人语境中，学会做人、做事、做学问，培养学生审美判断、社会感知、技术学习、创新突破等能力。课程秉承本校"四通"人才培养理念，坚持艺术人文与科学技术的跨界融通，以期达到从"有界"到"跨界"再到"无界"的"通"。

（二）课程目标

辨通素养课程围绕学校"四通"人才的培养目标，对接学科前沿动态与社会发展需求，整合各学科资源，聚焦课程思政建设，助力院所制教学及学分制改革，探索跨学科教学新模式，协助打造"生活即教育、校园即课堂、学院即社区、教育即传播"的无墙学院。

（1）通过"学业、置业、人生"三位一体"超级班主任"，聚焦课程思政，从创作、生活、情怀等不同角度，打造"大课—中课—小课"递进式循环课程。

（2）用设计语言贯穿"学校—社会—人生"全生涯学习。

（3）探索立德树人育人新模式，通过"美育"树立社会主义核心价值观。

（4）在"艺术与科技"学科方向下，重塑"科艺融合"下的"思艺融合"，建构新的课程思政新模式。

（5）将具备国际视野、中国特色的思政课程打造成为一流课程，促进一流专业平台建设。

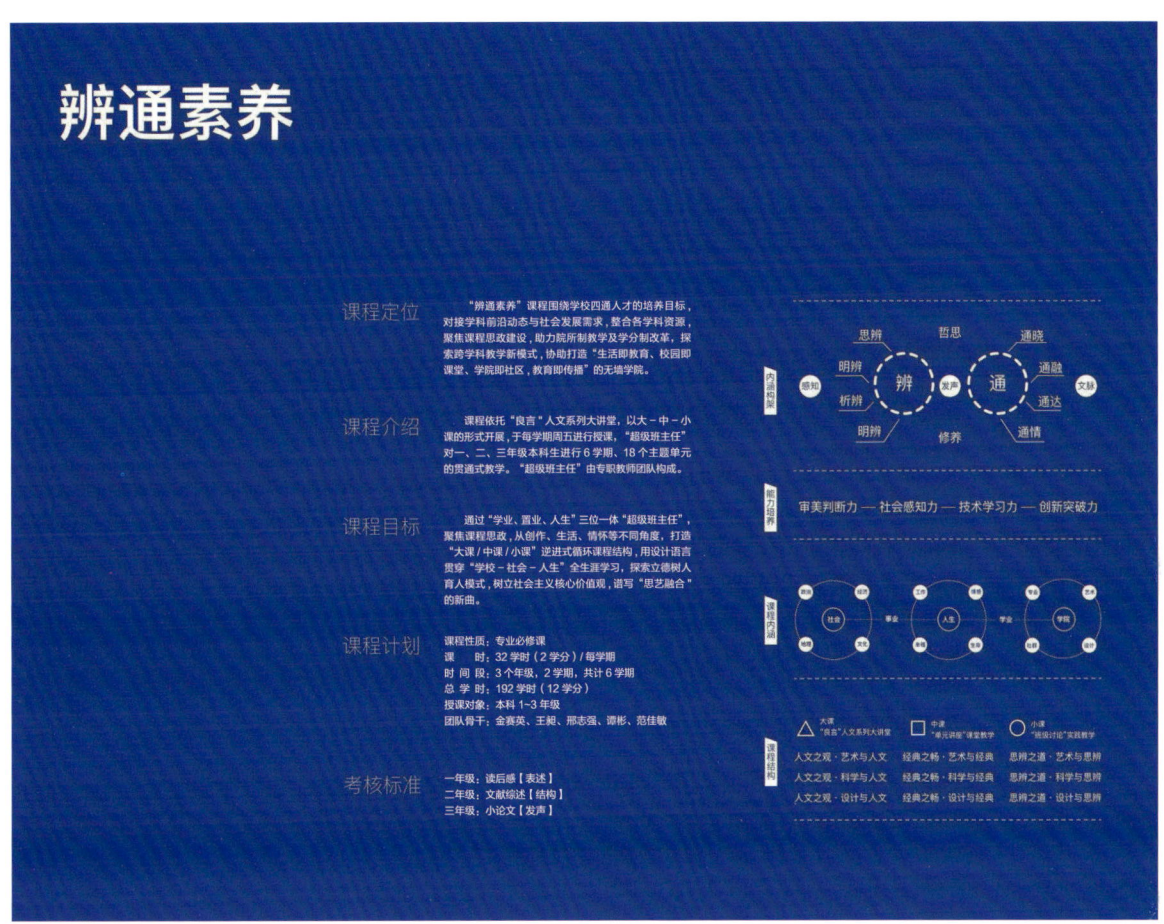

图 1　课程系统谱系图

二、课程的重点与难点

（一）本课程的教学重点

1．一年级主题：侧重审美判断力与社会感知力培育

课程目标：侧重基本素养的养成，汇通基础知识点，从培育阅读习惯出发，涵盖文学、历史、社会、艺术等学科，逐层推进，培养觉物与感知，从而建构学生在美育下的审美判断与社会感知能力。

2．二年级主题：侧重技术学习力培育

课程目标：侧重专业素养的培育，贯通专业能力线，从着眼科学与技术出发，关注科学与技术，加强学生内核建设，培养技艺与实践，从而建构学生在智媒体下的技术学习能力。

3．三年级主题：侧重创新突破力培育

课程目标：侧重综合素养的养成，融通思想与时代，从人与社会的关系出发，反思教学，展开双线互动教学模式，培养思辨与创新能力，从而建构学生在智媒体大数据下的创新突破能力。

（二）本课程的教学难点

在课程推进中，学院全体教师参与课程教学，面向全院学生，横跨三大专业纵贯三个年级展开全方位教学，每个教员的知识背景结构各不相同，如何在课程结构中建立逻辑关联。"大—中—小"课程体系的辐射性如何兼容到"院所制"教学。课程教学成果如何建立社会性的联动。

三、教学方法与手段

（一）顶层设计、优化统筹

学院顶层设计，统筹校内外教学资源，邀请名师参与教学。本课程依托"良言"人文系列大讲堂，对创新设计学院全体学生进行滋养教学。3 年已举办 19 场"良言"，讲者为来自文学、音乐、科学、技术、商业、艺术、设计等领域的翘楚、领军人物，他们通过讲堂分享观看世界的不同角度，改变世界的多种可能，为我们拓视野、开脑洞，唤醒我们的感受力，重新发明日常。

（二）全员全生，全方位推进

学院全体教师参与课程教学，面向全院学生，横跨三大专业、纵贯三个年级展开全方位教学。

（三）学术表达，体用结合

通过举办主题性展览、学生品牌展、社会实践成果展等形式进行成果表达。

（四）课堂联动，学社雏形

"创·秀场"是创新设计学院基于兴趣，自主创造的学生兴趣社品牌，也是辨通素养课程的第二课堂，是展示学生四大能力线的平台。现已有"创·传媒号""创·天籁团""创·媒介馆""创·四维区""创·摄Club""创·文学社""创·志愿汇""创·视觉趴""创·潮流吧"等 12 个兴趣社。通过课程，联动"创·秀场"，初步完成"学社制"雏形建构。

四、课程内容

（一）课程内容

一年级（第一学期）

1 大课：良言人文系列大讲堂及课程介绍

2 中课"人文之观·艺术与人文"上 +3 小课（超级班主任课程）实践教学

4 中课"人文之观·科学与人文"上 +5 小课（超级班主任课程）实践教学

6 中课"人文之观·设计与人文"上 +7 小课（超级班主任课程）实践教学

8 结课（超级班主任课程）实践教学

一年级（第二学期）

1 大课：良言人文系列大讲堂及课程介绍

2 中课"人文之观·艺术与人文"下 +3 小课（超级班主任课程）实践教学

4 中课"人文之观·科学与人文"下 +5 小课（超级班主任课程）实践教学

6 中课"人文之观·设计与人文"下 +7 小课（超级班主任课程）实践教学

8 结课（超级班主任课程）实践教学

二年级（第一学期）

1 大课：良言人文系列大讲堂及课程介绍

2 中课"经典之畅·艺术与经典"上 +3 小课（超级班主任课程）实践教学

4 中课"经典之畅·科学与经典"上 +5 小课（超级班主任课程）实践教学

6 中课"经典之畅·设计与经典"上 +7 小课（超级班主任课程）实践教学

8 结课（超级班主任课程）实践教学

二年级（第二学期）

1 大课：良言人文系列大讲堂及课程介绍

2 中课"经典之畅·艺术与经典"下 +3 小课（超级班主任课程）实践教学

4 中课"经典之畅·科学与经典"下 +5 小课（超级班主任课程）实践教学

6 中课"经典之畅·设计与经典"下 +7 小课（超级班主任课程）实践教学

8 结课（超级班主任课程）实践教学

三年级（第一学期）

1 大课：良言人文系列大讲堂及课程介绍

2 中课"思辨之道·艺术与思辨"上 +3 小课（超级班主任课程）实践教学

4 中课"思辨之道·科学与思辨"上 +5 小课（超级班主任课程）实践教学

6 中课"思辨之道·设计与思辨"上 +7 小课（超级班主任课程）实践教学

8 结课（超级班主任课程）实践教学

三年级（第二学期）

1 大课：良言人文系列大讲堂及课程介绍

2 中课"思辨之道·艺术与思辨"下 +3 小课（超级班主任课程）实践教学

4 中课"思辨之道·科学与思辨"下 +5 小课（超级班主任课程）实践教学

6 中课"思辨之道·设计与思辨"下 +7 小课（超级班主任课程）实践教学

8 结课（超级班主任课程）实践教学

（二）教学单元、内容与学时分配（以一学期为例）

教学模块	内容	单元学时（32学时）	单元学时分配数		课程任务（作业、考试）
			课堂教学（16学时）	课堂教学（16学时）	
一	介绍课程大纲、课程目标及要求，诠释"辨通"内涵	8	4	4	通过精选读物，强调"读"的表达体系
二	"人文之观·艺术与人文"上	8	4	4	
三	"人文之观·艺术与人文"上	8	4	4	
四	"人文之观·艺术与人文"上	8	4	4	
合　计		32	16	16	

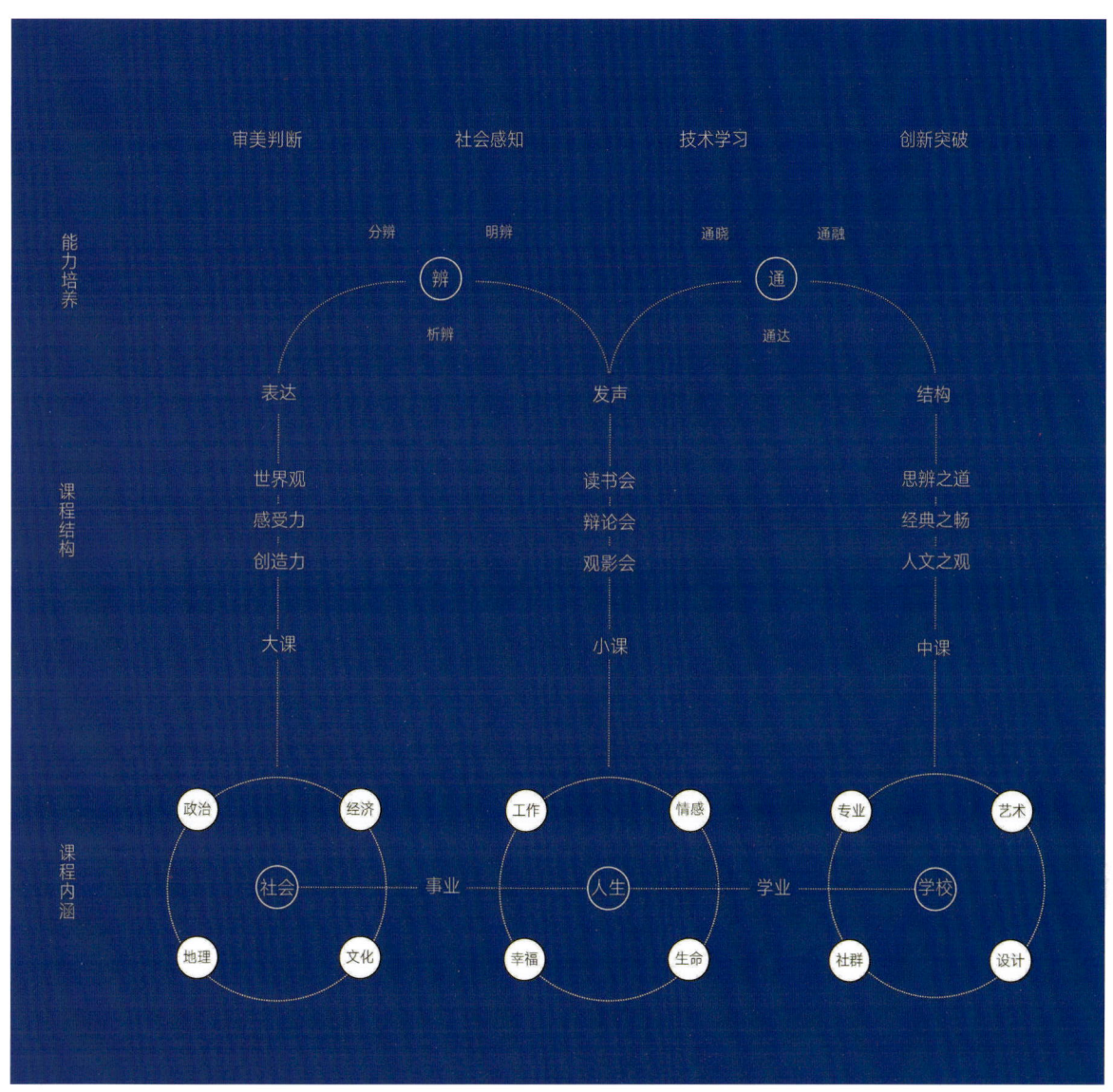

图 2　培养目标路径图

五、课程实施与评价

（一）学时、学分

本课程 6 学期共计 192 学时。学生修完本课程全部内容，成绩合格，可获 12 学分。其中课堂理论教学为 96 学时，课堂实践教学为 96 学时。

（二）教学基本条件

1. 教师

教师应具有良好的师德和较高的专业素质，具有专业理论素养和设计实践经验，一般应具有讲师以上职称或本专业硕士以上学位。

2. 教学设备

（1）配备专业教室、多媒体教学设备和设计实践教学计算机设备，新版软件、简易绘图工具和产品制作设备等。

（2）配备与教学内容相关的图书、期刊、音像资料、网络资源等。

（三）课程评价

（1）过程性评价与终结性评价相结合。包括：阶段性作业与最终作业的评价结合；学习态度、学习效果、解决问题的方式与课内外作业完成情况的评价结合。

（2）课程成绩评定：出勤率占总成绩 24%，课堂表现占总成绩 16%，作业占 60%。

（3）考评标准包括对于三个年级"大一中一小"课程的连贯性、逻辑性的理解，完成每个单元内容的"读—表达""文献综述—结构""小论文—发声"的训练目标。

①一年级考核方式：读后感

目的：引导阅读习惯，建立学术视野。通过"读"训练进行"表达"能力的培育。

要求：图文并茂，用"读"观世界，建立基本的"人文之观"。题材不限。

②二年级考核方式：文献综述

目的："述而不议"，培养学生梳理学术史脉络的能力；通过"综述"训练进行"结构"思维的培育。

要求：图文并茂，用"综述"进行"经典之畅"的梳理，要求谱系结构呈现。题材不限。

③三年级考核方式：小论文

目的：通过"思辨之道"的训练，增强学生写作、叙事、表达能力，提高思辨能力，完成"发声"表达能力的培育。

要求：图文并茂，以"某主题"为研究对象，进行收集、整理、考证、分析、分类、结论等环节，完成主题性小论文。

用"小论文"进行表述，要求结构清晰，论点明确，论据充分。题材不限。

（4）课程以"图文＋展览"的形式，以学生各单元完成作业情况作为考核主要依据，班主任介绍学生的学习情况，由每个班的班主任评分。

六、课程案例介绍

辨通素养课程授课单元教学方案之"创新设计与未来"

单元名称：创新设计与未来

任课教师：谭彬

教学时数：3 周 ×12 学时

（一）教学目的与要求

三年下学期的辨通素养课程共分为三个单元，主旨为创新突破，三单元课程的设计分别从过去、当下与未来三个维度上来思考如何实现创新突破。第一单元"创新设计与传统"是站在对中国传统营场、造物美学的角度来思考如何通过重新发明传统来实现创新突破；第二单元"创新设计与未来"是通过对未来的虚构、想象、预测来推想多种可能性的未来，并通过构想未来反思当下的实践；第三单元"创新设计与当下"是思考如何通过具有游戏精神、实验精神的创作实践来重新发明日常。

本单元为第二单元"创新设计与未来"，课程通过对未来的虚构、想象、预测来推想多种可能性的未来，并通过构想未来反思当下的实践，旨在融通思想与时代，从人与社会的关系出发，激发学生对于未来的构想冲动，在创作实践中保持一种朝向未来的积极态度，并能够站在一种长远的愿景中来思考当下的实践与认知，培养学生在设计实践中对于未来的基本构想能力，以及通过设计的方法来表达一种具有未来性的方案。

要求学生：

（1）建立对于未来学的基本概念；

（2）了解虚构叙事的基本原则与方法；

（3）基本了解通过设想未来场景来思辨当下的方法。

（二）教学内容

1. 课程内容规划

本单元教学为3周，每周1节课，分别为大课主题讲座，中课"创新设计与未来"，小课"讨论课"。其中，中课共分为三部分内容——事实与虚构、预测与科幻、设计与未来，讨论课将规划成一次设计虚构工作坊。

本教学单元具体安排如图1：

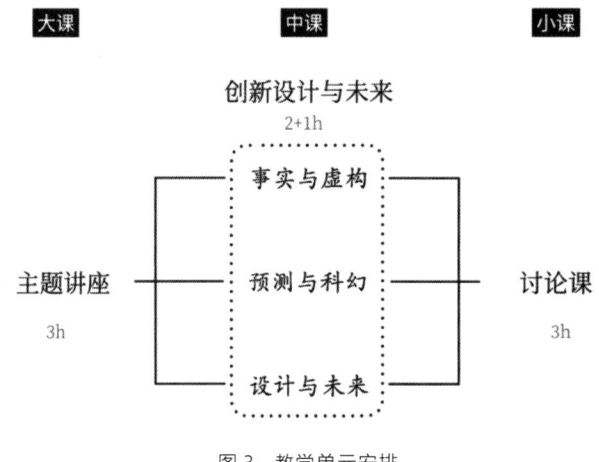

图3　教学单元安排

2. 具体课程内容

（1）第4周大课：主题讲座

（2）第5周中课：创新设计与未来

①事实与虚构

事实与虚构不是真与假的问题，而是叙事的两种方式、表述的两种方式，只是一种风格问题，两种不同的话语组织原则。它们之间彼此影响，既有引发虚构的事实，也有重构虚构的虚构，更有推动事实的虚构。

②预测与科幻

二者的差别是，一种是在一定合理性条件下关于未来的叙事，另一种则是通过天马行空的幻想抵达的未来。这二者之间存在着一种相互促进和分离的张力。

③设计与未来

不是试图去假想未来，而是通过设计来发掘所有具有争论的可能性，并用于为大部分特定人群去定义一个共同的、合意的未来：从企业到城市、到社会。设计师不应该为所有人去定义未来，而应该与伦理学家、政治学家、经济学家等专业人士合作，去生产一种人们真正想要的未来，作为有助于激活公众讨论与争论的催化剂。

（3）第6周小课：主题讨论

工作坊：一件来自未来的物品

五个人一组，以游戏、绘图、讲故事的方式虚构一件来自未来的物品，并设想其使用的场景。

（三）作业要求及数量

针对课程中关于创新设计与未来的讨论，以"谁将与人做伴？"为题，续写以下故事：

据说世界上最短的科幻小说只有这么一句话："世界上的最后一个人，突然听见了敲门声。"

作业要求：

（1）请合理推理和想象，设想这篇科幻小说的场景，设想这个情景发生的原因和情节，及其后续发展，续写这个故事。

（2）叙事方法不限，可以文字、图像、绘画、影像、剧场等方式来表达。

（四）单元小结

重点：

本单元教学的重点在于融通思想与时代，从人与社会的关系出发，激发学生对于未来的构想冲动，在创作实践中保持一种朝向未来的积极态度，并能够站在一种长远的愿景中来思考当下的实践与认知。

难点：

本单元教学的难点在于能够在对当下做充分的分析、调查、研究的基础上来构想一种可能的未来，而不是一种虚幻的想象。学生能够有效地平衡事实与虚构之间的相互关系，事实可以激发出虚构，而虚构也能够影响事实。

空间的感性调研

赵 明

14

一、课程简介

　　"场所调研与创作"是公共艺术专业学生进入大三所学的第一门实践类专业基础课程，对学生未来自主开展探究式公共艺术创作实践有重要作用。课堂设计关注的重点是：让学生在学好场所调研与创作的基本理论和方法的前提下，引导学生重视公共艺术的社会作用，将人文关怀融入公共艺术，使公共艺术真正贴近公众生活，并在精神层面上提升公众生活质量。同时，课堂还设计了若干工作坊，强调理论结合实践，在做中学。培养学生在环境中训练身体思维的能力，能为其所在的公共空间增添活力与人情味，真正做到走进空间，为人服务、以人为本。

　　本节课程的教学内容主要围绕"空间的感性调研"展开。通过课程讲授，学生能够明晰感性的定义、空间中感性调研的特点，掌握感性调研的要点和方法，并能在公共艺术创作实践中灵活运用，实现课程学习的知识目标和能力目标。同时，培养学生的身体思维能力；让学生理解公共艺术创作的出发点是融入社会生活和公共领域，利用艺术的力量构建公民的集体意识与公共精神；凸显空间的人文关怀，树立学生的社会责任感和专业认同感，使课程德育目标渗透在观察的眼光、上手的劳作和身体的行动中，引导学生由境入情，入心入脑，自主探究。

二、课程挖掘的思政资源分析

（一）从国学中体悟道家"有""无"空间生成思想和东方整体性认知的智慧

　　选择道家空间生成和生态伦理思想的经典名言警句，对应这门课中的一些核心知识点。东方传统思想结合当代的具身认知理论，在讲授感性调研知识和方法之余，让同学们领略中国传统文化中身体意识的智慧与魅力，培养同学们的民族自豪感和文化自信。

（二）服务于国家文旅融合发展的产业创新需求，把建设"美丽中国"内化为自觉行动，培育轻介入、在地化的可持续发展观和生态价值观

　　响应国务院发布的《"美丽中国，我是行动者"提升公民生态文明意识行动计划（2021—2025年）》，认同"一切教育都是环境教育"，引导学生在实地调研中逐渐树立生态责任观和敬畏自然的行为准则。

　　例如，在"空间的感性调研"单元，让同学们走进城乡现场，完成从观察、策划、反思到行动的日常生活艺术实践，从而潜移默化地培育"家园"意识和"爱党、爱国"这一社会主义核心价值观；通过组织向当地非物质文化传承人学习，培育"敬业"这一社会主义核心价值观。

　　引导学生唤醒身体多维感知，激活学生艺术学习的多重感官经验，关注环保、气候、健康等社会问题，增强保护生态环境的使命感。启发学生关注公共生活现象背后的情感和行为内容，注重公共生活中的情感体验，培育"返璞归真"的文明生活观；课程还要求学生走出校园开展主题实践，参观展览、行走游学，在生活中观察、感知和体验特定地方人们的消费方式、休闲娱乐方式，学习用身体思考现

象中的本质问题。

（三）创设情境，赋予学生学习自主、自由的时空。在日常生活情境中锻炼"全身心"投入工作的品质，体悟身体—心智—环境互为塑造的过程，锻炼自我管理、自我塑造的能力

结合课程内容，给学生布置若干团队合作性项目制定和讨论环节。例如，要求学生团队结合时间管理法制订一份工作计划，尽量细化目标和内容，及时调整并修正团队的工作流程和时间分配计划，从而让学生切身体会到身体、思维和时间之间的互动联系。让学生学会自我管理、自我塑造，为同学们"立德树人"打下良好的基础。

三、案例课信息

（一）教学目标

1. 价值目标：爱党、爱国—立德树人—文化自信—生态文明意识及行动

本课程坚定落实立德树人的根本任务，坚持学生、教师双主体，以工作坊融合理论教学，在真实的生活中观察、思考并体悟美丽中国如何才能从我开始，从脚下落实。以此提高学生的爱党爱国情怀，在躬亲实践中切实增强学生的家园意识和文化自信。

2. 知识目标：明晰感性的定义、空间中感性调研的特点，掌握感性调研的要点和方法，能自主观察并转换空间中的感性信息，灵活运用在公共艺术调研与创作实践中

将社会主义核心价值观设计渗透到本课程各个知识点的传授中。课程教学坚持理论与实践并举，将现象学的相关概念和方法分别转换到工作坊中，引导学生探究"东方精神的本土营造和自主建构"；教学组织包括：调研的理论铺垫、在地调研行动、小组汇报以及讨论定案、各小组分头落实空间搅动的艺术行动策略和计划，最终展览呈现；实现"做中教、做中学"的教学目标。从而引导学生在体验、挖掘地方文脉、地方情感和民间智慧时逐渐实现政治认同、身份认同。

3. 能力目标：全面发展的人，感知能力 + 审美情趣 + 创意表达的核心素养

通过由浅入深的课程和工坊融合设计，将"手脚心脑眼"的身体思维能力全面落实，既提高了学生学习的兴趣和自主发展能力，又促进了学生的社会参与，进而培养学生的责任担当意识，增强实践创新力。

（二）教学内容

1. 课堂设计思路

本课程内容的设计分成四个阶段，根据不同阶段的教学目标，分别落实各个知识点、专业技能和

专业素养的训练。其涵盖了基础理论、方法流程、艺术实践等多个层面，相互促进。

为了落实课程设计的主体思路，我们采用了一些实用的教学方法。首先，根据场所调研与创作的总课程目标，本节课程确定了阶段目标，它要求学生明晰感性的定义、空间中感性调研的特点，掌握感性调研的要点和方法，并能结合特定场域问题展开灵活运用；其次，引导学生立足于社会生活和公共领域，凸显空间表达的时代感和人文关怀，树立学生的社会责任感和专业认同感。

在教学的组织与实施方面，借鉴了库伯的体验式教学的理论与方法。从具体体验到抽象概括、从反思观察到行动应用，其中涉及了四种相关学习风格：发散思维型、同化型、聚合思维型和顺应型。通过这种闭环的体验式学习激发出学生的学习兴趣和主动性，由境入情、入心入脑，并且驱动身体行动，最后检验、修正，促进新一轮的学习体验。

综合而言，本课程采用的是典型的做中学、学中做的体验式教学。空间的感性调研课程，以知识传递为主线，以学习体验、情感体验串联起整个教学过程。首先，它通过创设情境激发学生的兴趣，引导学生全身心地投入学习中，促使学生积极地与教学情境相互作用，从而获得感性体验，通过感知对所学知识有一个初步的感官层面的理解。其次，强调教师要善于引导学生，对所学的知识加以转化和整合，抽取其最本质的东西，并加以概括，最终再回到新的实践情境中去，检验自己转化整合结果的有效性，并不断生发出更多新的体验，从而开展新一轮的体验学习过程。

2. 教学重点

调动学生学习的主动性，培养敏锐的感知力和较高的意识力，培养学生的身体思维能力，并启发学生建构多元价值意识和多维的创新创作思路。

3. 教学难点

理论与实践的深度融合，能够基于感性调研去敏锐地发现生活中的迫切诉求和民间智慧带来的启发，在中国大地重塑东方精神和重构本土营造方法。

4. 对重点、难点的处理

通过五个工作坊设定具体学习目标来解决难点问题：

工坊1：城市中的观察——通过对视觉信息更为复杂的思考来学会观看。

工坊2：感性体验和记录——利用你所知道的任何东西记录下一切。

工坊3：全身心的参与——理解在人类行为之后存在的情感结构。

工坊4：身体与空间的关联——分层级整合运用（感知层、认知层、行动层）。

工坊5：卓越创造的基础——材料和力量的关联性和运用性准则。

（三）教学方法

1. 教学过程

本课程采用体验式教学，包括以下几个板块：第一步，以城市问题导入，引发特定的空间语境，激发学生学习兴趣；第二步，将空间感性调研的知识点和理论进行课堂铺垫；第三步，走进公共生活开展情境式反思观察与记录；第四步，回到课堂以小组讨论和汇报的方式完成主题式抽象概括与意向凝聚；第五步，返回调研现场开展项目式行动的应用与验证，或再开启新一轮的学习体验；第六步，完成艺术转换，以作品汇报展的方式结课总结。课堂主张走进日常生活情境，反思并观察公共生活中的行为和情感，通过在场的体验，发现问题并提炼成艺术的主题，能在个人艺术项目的行动中应用所捕获和转换的感性内容，完成艺术的表达和对话。

基于上述体验式教学流程的设计，课程育人思路自然地渗透到了每个教学实施的环节中。基于前期的理论铺垫与准备，从城市游走中引发兴趣到情境化地理解学习目标，再以全身心投入特定场域的个人行动，完成自我意识的提升，同时测试公众的敏感度；最后记录、整理并转换成一件视频装置作品，在展览呈现中完成考核和总结。

2. 教学方法

（1）线上线下混合教学法：线上主要为小组线上讨论、视频观摩以及艺术家和画廊展览的网上资源分享。线下为知识点的讲授、感性调研行动、课堂汇报展览和评议、教师指导与建议。

（2）案例教学法：通过对大量最新公共艺术案例深入细致的解读，帮助学生了解空间的感性调研路径、工具、方法和成果转换后的艺术语言类型以及展陈方式，以便为学生学习的全过程提供更清晰的参考方向。

（3）实践教学法：工作坊教学鼓励学生通过团队合作，协商设计一套可行的城市游走的调研流程，并在感性实践中不断调整修正，以便能获得更多元的创作启发和思考维度。

（4）头脑风暴法：每次在地调研后的汇报都成为师生们十分珍惜的头脑风暴，利用这种灵活、多样的发散思维可以有效激发创意，脑洞大开，有助于培养学生的感性创造力。

（5）启发教学法：通过走进公共空间观察公共生活中的行为和情感关系，帮助学生逐渐树立社会责任和空间中的人文关怀，开拓多元的视角和多维的空间思考，启发学生适应新时代文旅融合发展国情下的创新创业意识。

3. 教学活动设计

（1）问题导入——城市奇观和城市冷漠综合症

直面城市问题，针对性讨论空间中感性调研和创作的意义和价值。

讲解知识点和理论：感性的定义和内容，以及如何捕捉并转换感性信息。接着，我们围绕"感性调研"和"身体思维"两个关键词，来理解现象学的场所和知觉理论。重点在于学会利用"锚固""知觉首要性"和"游走的路径"这三个关键概念。

案例分析：本节课选用了比利时艺术家弗朗西斯·艾利斯等人的经典艺术作品、本课程历年的优秀学生作品以及同辈最新的相关作品，从身边案例、地域中同时代案例到全球经典大师案例，以便学生能循序渐进地完成学习。

五个工作坊由浅入深、循序渐进：在公共空间调研与创作实践中，循序渐进地观察、感知、体验、捕获，并转换本节课程的知识点并理解相关理论。用自己身体参与的方式，去完成一件公共艺术行动的图像或视频装置作品。这五个工作坊分别是：城市中的观察、感性体验和记录、全身心的参与、身体与空间的关联、卓越创造的基础。每个阶段都需要解决不同的身体实践问题。课程的育人思路在不同的学生和不同的作业中表现也大相径庭：有的以问题为导向，从自我出发，观察事物的心理；有的虽然也以问题为导向，但从调研中筛选并把握经验，自主选题并展开适宜的探究；还有的则围绕研究目标，观察选址，全身心投入，创设一种独特的情境，深入体验人和空间的交互活动和作用。

（2）展览呈现——结课汇报和总结

组织三位以上教师观展听汇报，综合课程中学生在各环节汇报的表现，完成集体评议和打分。

（四）教学评价

（1）2021年8月，赵明带队参与中国新美育调研，完成敦煌艺术活化应用的数字化创新，成果以"立美之心　美美与共：以艺术的方式建构公共交往"展览方式呈现在浙江展览馆；展览在疫情期间获得可观流量，受到广泛好评，浙江省钱江电视台发布关于本次展览长达4分钟的新闻报道。

（2）2021年11月，赵明带队调研杭州龙坞竹篮传统技艺，成果参加中国粤港澳大湾区·东盟国际高校竹营造大赛，获得综合设计优秀奖。

（3）2021年11月教师团队指导社会实践获评为"美遇艺行"2021年中国美术学院暑期社会实践优秀社会实践团队。

（4）2021年12月教师团队安之堃、彭显锋指导的"'艺村艺塑'——以公共艺术助力开化县仁宗坑村乡村振兴"项目，获"第四届浙江省大学生乡村振兴创意大赛"银奖。

（五）教学创新

本课程的特色与创新主要体现在以下三个方面。第一，强调实践与理论并举，课程从教师、学生双主体，课程载体、课堂及社会实践基地等多个维度，针对中国公共艺术人才培养特点、专业特色和学生思想特征，开发并设计课程，将专业教学深度融合思政教学，确定思政元素挖掘方向，实施"课堂＋社会"的开放教学。为高等教育公共艺术专业课程思政建设提供了理论思路，为教学实践提供一条可供参考的、在地性的实践路径。第二，课程设计方法的创新。首先，产学研融合的课程建设理念，巧妙融入思政元素，使课程走向日常生活实践，成为培育"工匠精神""家园"意识和社会责任心的主阵地。其次，深入挖掘国学经典理论和实践成果、行业实时信息、艺术经典案例、政策要闻、社会热点等，将课程思政元素渗透到专业教学内容中；依托课程平台，以典型工作任务、流程和方法训练为主线，按照"做中教，做中学"的理念实施教学，激励学生，拓展专业视野，强化专业技能和职业素养。第三，调研实践的应用创新，首先，突出价值引领培养，将价值塑造有机地融入能力培养和知识传授之中，切实达到全方位育人；其次，强调文化产业，融合社会创新意识，针对区域和地方公共空间发展的具体问题，建构具有特色的、公共艺术体系化课程群的多元化支点；最后，以学生为中心，开发多种形式的思政教学资源，寓教于课、寓教于乐，激发学生学习兴趣，有效达成学习目标。

（六）课程思政的理念与内涵

将美丽中国的生态文明价值观直接导入知识传授和能力培养中，培育学生自主探究的能力，使学生成为一个全面发展的人。本课程强调躬亲实践，引导学生用身体感知问题、发现问题并努力以专业的方式回应、解决问题，培养社会参与的主动性，增强家国情怀、责任担当和社会创新意识。

（七）思政元素挖掘与思政素材选取

培养坚定的美丽中国的理想和信念，树立生态文明意识，拥有文化自信和家国情怀；具有批判意识和责任担当，能建构环境空间的人文关怀，培养劳作上手的敬业精神，掌握过硬的业务技能，具有开拓创新精神。

（八）专业知识与思政元素的有机融合

将专业概念"社会雕塑"灵活用于东方精神建构和本土艺术营造中，倡导新的公共艺术运动，落实环境与人的互为塑造。

以红船精神赋能『互动叙事』

童元园

15

一、课程简介

本课程是一门融合剧本内容叙事、角色场景创作与表达、互动创新体验等知识点项目制创意课程，为数字交互艺术专业的"专业核心＋工作坊"课程，也是交互设计和游戏思维在内容叙事领域的拓展性创新探索，是交互设计在学科领域拓新改革中的校企协同育人典型创新课程案例之一。

二、课程思政目标

以开拓创新的红船精神为指引，以主导师授课，协同导师团队展开讲座分享、案例启发、现场考察、团队协作等方式，引导学生通过数字媒体与游戏手段，激活文化传承，解读社会热点，描绘时代创新精神，旨在培养目光敏锐、勇于探究、具有批判性思维和社会责任感的"四通"人才和国家优秀文艺工作者。

三、课程思政设计思路

在课程主题启发单元融入对人的理解，增进对新事物发展的理解，在创作中体现面向未来、面向时代与社会的整体规划和布局，将爱国情怀和人文情怀等元素贯穿于课堂教学内容中。通过解读官方实施意见和案例，引导与激发学生对中国的道路自信、文化自信和创新热情。聚焦本土现状与社会热点，培养学生探寻真相、勇于尝试、大胆创新的优秀品格。在教学中科学合理拓展专业课程创作内容的广度、深度和温度，增加课程的知识性、人文性，提升引领性、时代性和开放性。具体设计思路如图 1 所示。

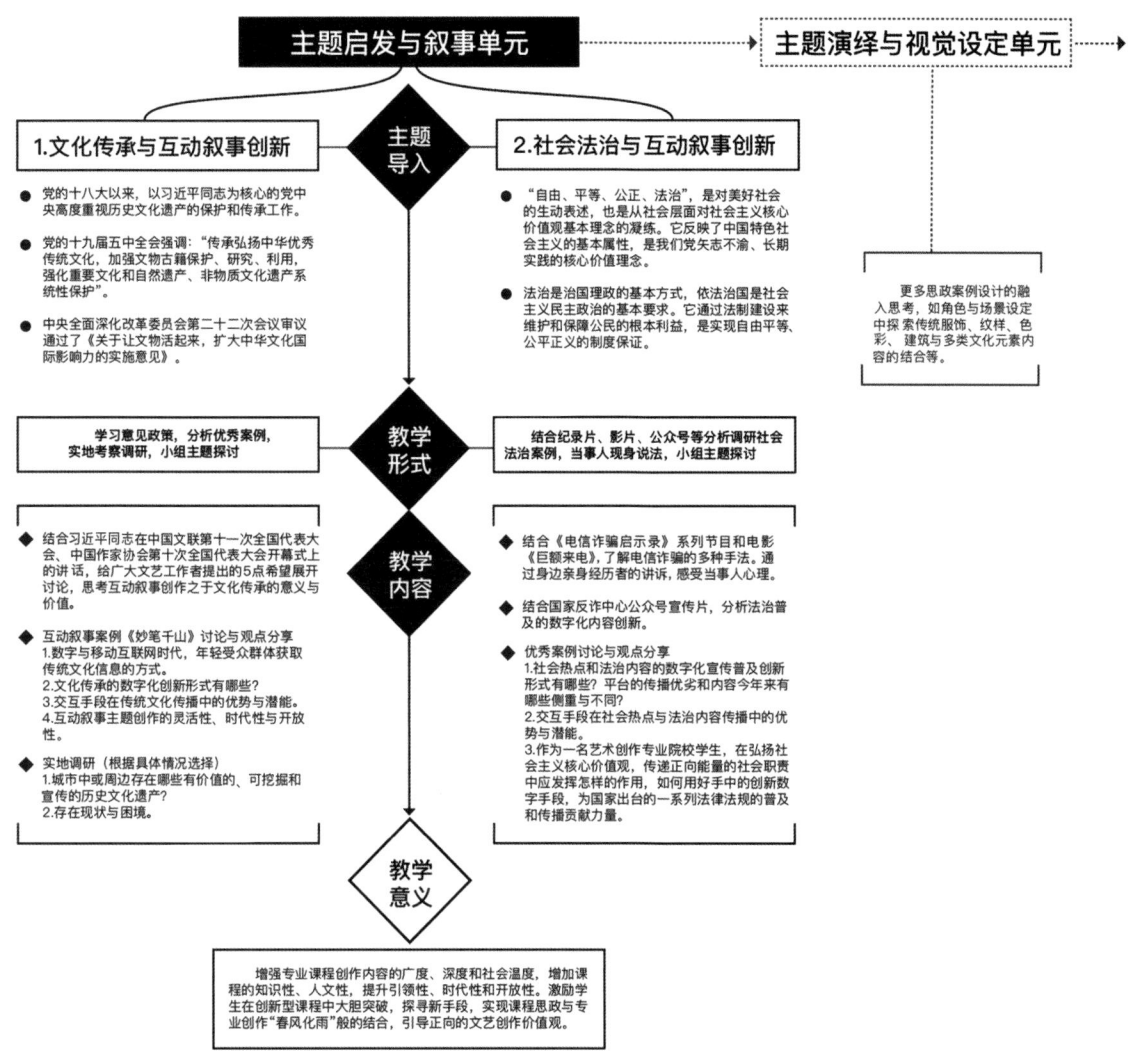

图1 "主题启发与叙事"单元的课程思政设计思路

四、教学实例

实例1 "让文物活起来"——新时代文化传承中的数字化创新

（一）知识点

时代发展和互联网用户群体需求背景下的文化传承；文物活化方式创新思考。

（二）教学目标

能通过解读政策及意见，收集与调研优秀案例，展开受众群体调研，进行主题融入的互动叙事文本创作；培养有社会责任感、有创新精神的未来文艺工作者和优秀文化遗产的薪火传人。

（三）主要内容

1. 内容概要

（1）政策解读。《关于让文物活起来，扩大中华文化国际影响力的实施意见》文件解读。

（2）案例分析。《绘真·妙笔千山》是一款以故宫藏品青绿山水画《千里江山图》为创作蓝本的互动叙事类游戏，完美还原古画意境的同时，带给玩家趣味盎然的游戏体验。《绘真·妙笔千山》以《千里江山图》中不同经典场景为创作蓝本，采用横版平面视角与3D自由大视角结合的方式，淋漓尽致地营造出"如入画境"的体验。在设计上也降低了游戏的操作复杂性及解谜难度，让玩家可以更纯粹地享受游戏过程。隽永的画风、神秘的故事、动人的音乐，开启一段奇妙的青绿山水之旅。古代山水画讲究可游、可居，这是品鉴山水画的最核心要素，但在当代年轻人中存在断层。而《绘真·妙笔千山》则是一座连接传统文化与新科技的桥梁，一端连接身处于现代社会的人们，另一端连接隐藏在千年古画中的世界。在这款游戏里，我们可以寄情山水，幻想自己置身于画中奇境，赏层峦叠嶂，品屋舍村落，看桥梁渡口，观山水间的早行之客、晚钓之翁。故而，只要玩家轻触屏幕，就可开启一场画中世界、古今之间的对话交流。

2. 教学设计与实施

通过政策解读，引导学生坚持守正创新，用情、用力讲好中国故事，向世界展现可信、可爱、可敬的中国形象。通过实地考察城市历史文化遗址现场和观看文物展览，深入领略文物背后的故事；通过案例分析开展课堂讨论，启发深度思考。（如图2所示）

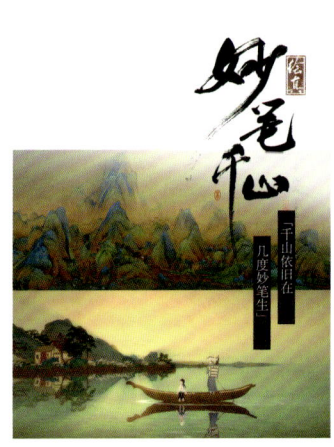

图2　互动叙事游戏《绘真·妙笔千山》课内讲座海报、课程与主题党日活动结合的"三星堆"文化调研展览

小组讨论与分享内容包括：①数字与移动互联网时代，年轻受众群体如何有效获取传统文化信息？②文化传承的数字化创新形式有哪些？③交互手段在传统文化传播中的优势与潜能？④互动叙事主题创作的灵活性、时代性与开放性。

3. 教学方法

坚持以学生为中心，通过政策解读，运用案例分析、实地调研、小组讨论等方法，理论联系实际，培养学生从社会需求出发，以时代视角和专业所长倾力讲述中国故事的文艺工作者的社会责任意识。

实例 2　从电信诈骗类电影《巨额来电》到国家反诈中心宣传片

（一）知识点

时代发展和互联网背景下的社会热点话题的传播方式演进与创新。

（二）教学目标

通过传统形式的电影和创新型宣传案例的比较分析，引导学生在社会议题与互动叙事内容创新中探寻新路径，旨在培养有社会责任感、坚持弘扬正道、追求德艺双馨的文艺工作者。

（三）主要内容

（1）传统形式纪录片、电影与公众号平台宣传比较分析。随着电话、手机的普及和发展，以通信介质、电信网络为媒介的电信诈骗犯罪呈现多发态势。《电信诈骗启示录》系列节目从警方、通信运营商、金融机构、心理学专家等多层面揭示电信诈骗犯罪的伪装和面纱，警示观众提高防范意识，从而起到预防电信诈骗的作用。《巨额来电》是一部于 2017 年 12 月 8 日在中国内地上映的反电信诈骗题材电影。该片取材于真实的公安部备案案件，讲述了派出所民警丁小田和卧底女特警小兔一起破获超级诈骗团伙的故事。相较于院线影视平台，国家反诈中心公众号平台推出系列反诈宣传短片，包括三维动画类宣传片《反诈风云：谁是卧底？》、古风情节类《隔屏如隔山，安能辨我是雌雄》等，情节有趣，深得年轻人喜爱，获得大量转发，宣传范围大扩展。法治、社会焦点话题的宣传方式，正从严肃普法演进为轻松说法。

（2）教学设计与实施。结合学科特征，从影视平台和互联网平台切入，对比分析两类平台社会热点内容传播差异，引导学生立足时代发展，探讨真题项目融入叙事内容创新的多种思路，同时结合身边师生、朋友的亲身经历，了解分析当事人心理。案例如图 3 所示。

图 3　反电信诈骗题材电影《巨额来电》和《电信诈骗启示录》系列节目 VS 国家反诈中心公众号反电信诈骗短视频作品

　　讨论与分享内容包括：①社会热点和法治内容的数字化宣传普及创新形式有哪些？②平台的传播优劣和内容近年来有哪些侧重与不同？③交互手段在社会热点与法治内容传播中的优势与潜能？④作为一名艺术创作专业院校学生，在弘扬社会主义核心价值观、传递正向能量的社会职责中应发挥怎样的作用？如何用好手中画笔工具，为国家出台的法律法规的普及传播贡献力量？

　　（3）教学方法。坚持以学生为中心，通过政策解读，运用案例分析、小组讨论等方法，理论联系实际，坚持立德树人，将课程思政贯穿于专业教学全过程中，引导学生拓宽思路，关注社会话题，形成正确的价值观。

五、案例成效

　　与学科专业紧密结合的实例分析与比较，辅以国家政策法规的解读，让学生充分意识到艺术创作不仅仅是在美术圈内的创作与创新，更应坚守人民立场，弘扬社会正道，用情、用力讲好新时代中国故事，更深刻领会红船精神的首创、奋斗、奉献精神。通过教学，拓宽了学生的内容创作思路，在诠释文化传承和社会话题的过程中不再限于传统的说教，而是充分利用互动叙事这一新兴的内容传播媒介的优势展开创作。此外，在学生的毕业设计过程中也体现出该课程思政内容产生的影响力。案例如图 4 所示。

图4　文化传承主题的互动叙事作品《琼忆》、电信反诈主题的互动叙事作品《诈术》

影视广告策划与创意

杨晨曦

16

一、课程简介

中国美术学院作为国家"双一流"学科建设高校，致力于营造"品学通、艺理通、古今通、中外通"的人才培养环境，基础理论素养、实践能力和创新精神并举。2011年，中国美院影视与动画艺术学院获批国家戏剧与影视一级学科点。根据"立德树人"作为教育的根本任务这一教育理念，课程强调知识传授、能力培养和价值塑造的多元统一。结合本专业人才培养方向，课程教学改变以理论为主、主题虚拟的模式，"真题真做""竞稿中标"，训练学生的策划与创意的能力。

课程思政建设中的特色：

（1）高阶性：本课程的教学内容和成果贯穿本专业教学体系，学生在课程中形成的研究方法和思考模式会影响其整个学习过程。

（2）创新性：课程广告主题围绕主旋律题材，联动官媒，调动学生积极性的同时，解决了教学成果转化问题，扩大了课程的社会影响力。

（3）挑战度：主旋律题材在创意和表现上都须更加严谨，故整个课程作业强度高，每个节点都有阶段性任务，最终成果也须经受媒体发布的考验。

二、课程挖掘的思政资源分析

自2017年起，每年紧扣国家宣传主旋律，开展本课程的思政教学工作，涉及2015级—2019级共5届学生。

在课程中，指导学生就主旋律题材进行广告创意，2017年至2021年分别为：五水共治、庆祝改革开放40周年、纪念五四运动100周年、"战疫"、全面建成小康社会、"绿水青山就是金山银山"中国共产党成立100周年。

基于课程团队的共同努力，课程成果"五四百年""全面建成小康社会""战疫"等主题广告片在《浙江日报》、学习强国、共青团中央等官方媒体平台播出，参加中国美术学院"治水最前线"、浙江省委宣传部主办的"绿水青山就是金山银山——15年探索与实践大型图片展"等展览，获得良好社会反响。"五水共治"主题课被教育部列为教学案例。

带领学生参与浙江广电公益广告等创意活动，课程作品获得各类国家级赛事10余项奖项。

教材《影视广告创意与制作》被多所高校选用，完成"中国美术学院中青年骨干教师团队建设——影视广告课程团队"建设工作，完成线上课程建设，已于"中国慕课网"上线并授课。

政治认同方面，让学生在学习过程中，了解我党发展历史和执政方针，并通过广告创意表达出来。

国家意识方面，在社会大变革、文化大繁荣的时代，领略国家成就，增强学生自信心和自豪感，在创意中自然流露中国气质和精神。

文化自信方面，基于我校东方学的学术理念引领，引导学生用具有东方语境的视听语言表达广告创意。

人格养成方面，通过教师的示范和引导，培养学生为时代发声的自觉性。同时，通过团队作业培养学生的集体意识。

三、案例课信息

（一）教学目标

（1）价值目标：通过在课程中主动引入主旋律题材，实现显性与隐性教育的有机结合。

（2）知识目标：了解行业组织架构、运作规律及影视广告的产业链地位；了解广告创意的底层逻辑。

（3）能力目标：掌握创意手法和策划书撰写方法；通过竞稿机制，培养学生"从投放反推创意"的能力。

（二）教学内容

1. 课堂设计思路

课前：开启线上课程，学生预习课程。真题真做，引导学生收集资料。

课中：按照课程内容分配完成教学。

课后：线上完成理论测试，学生完成策划案撰写。

教学团队争取与更多的官方媒体平台的合作，并与媒体形成从广告内容到广告活动更为广泛的配合，完成从选题到策划创意的贯通，形成选题的连续性，打造课程品牌特点，加强课程的社会影响力。同时，与行业实际情况紧密连接，明确投放对于影视广告策划与创意的重要性和指导性，从结果出发，避免课程内容虚化，指导学生更好地与行业接轨。此外，继续在本校课程教学实践中进行在线开放课程建设，解决线上课程目前存在的问题，充实线上课程内容，优化线上课程与线下教学的配合，形成合力，形成一套高效的线上与线下混合的教学模式。

2. 教学重点

市场和媒体传播方式不断变化，给影视广告形态和内容带来挑战，课程固本拓界，做融媒体时代需要的好策划与创意。

3. 教学难点

市场多元且竞争激烈，课程模拟真实竞标机制，聚焦训练学生广告策划、创意思路的快速梳理与表述能力。

4. 对重点、难点的处理

（1）联合多个官方媒体拟定主题，完成后教学成果投放官方媒体平台，形成"市场—课堂—市场"的模式。

（2）邀请优秀从业者参与教学，带来一线行业信息和强示范性，形成"课堂—行业—课堂"的循环。

（3）完成相关线上课程建设，线上夯实理论，线下腾出更多实操时间，课程内容"线下—线上—线下"合理分配。

（三）教学方法

1. 教学过程

（1）广告行业组织架构及产业链介绍；

（2）影视广告策划案例分析；

（3）影视广告创意手法训练；

（4）真题真做，影视广告策划创意书撰写；

（5）竞标训练，深化执行中标方案。

2. 教学方法

（1）教学采用多媒体教学手段、视听结合。以指导教师自身的广告案例教授相关的策划与创意理论和方法。

（2）学生在策划与创意过程中，往往会忽略市场调研，需要在教学中强调市场调研的作用，并正确引导学生利用田野调查等方法进行有效的数据收集、整理、分析。

（3）影视广告策划书的撰写及提案现场表达是本课程的重点教学环节，在教学中要不断引导学生进行逻辑思考和表达，利用现场录像等手段，针对学生策划书内容和提报表达进行及时的复盘，切实提高学生该方面的能力。

3. 教学活动设计

（1）个人影视广告策划创意书一份（含调研报告）；

（2）团队影视广告策划创意书一份；

（3）团队影视广告执行成片一条；

（4）线上课程学习及在线测验。

作业项目	百分比
调研报告	5%
个人影视广告策划创意书撰写	30%
团队影视广告策划创意书及执行成片	30%
提案现场表现	15%
线上课程完课率	5%
线上理论测验	15%
合计	100%

（四）教学评价

本课程设计的教学目标和定位分析明确、表述准确，教学设计思路清晰且切实可行，能反映出教师的教学改革理念。在教学过程中，展现了课程完成有序的结构设计，标注主要知识点的同时，也着重突出学生自主活动的设计，体现教学民主，亦培养学生良好的学习品质。

基于课程团队的共同努力，学生评价课程内容充实。学生创意的"五四百年""全面建成小康社会"等主题广告片在官方媒体平台播出、参加浙江省级展览，获得良好的社会反响。学生参与"IDF 西湖国际纪录片大会"宣传片、浙江电视台公益广告等创意活动。学生作品获得各类国家级赛事10余项奖项。

教材《影视广告创意与制作》被多所高校相关专业选用。完成"中国美术学院中青年骨干教师团队建设——影视广告课程团队"的建设工作。完成线上课程建设，已于"中国慕课网"上线，是目前该网惟一以"影视广告"为标题的课程。

（五）教学创新

（1）思维的创新：先决定投放渠道一再打造广告创意。由于当下已是融媒体时代，媒体之间互补联动，从投放反推创意，让学生形成创意的本真精神和务实态度。

（2）选题的创新：虚拟选题—真题真做真投放。利用官方媒体平台的资源，用真实需要的主题训练学生的策划创意能力，让学生了解时代的要求与需求，让学生感受广告的社会意义和宣导作用。

（3）作业方式的创新：个人作业—集体作业。从开始独立完成提报，到团队共同打磨创意，培养学生的集体意识，让学生感受集体合作的力量和优势。

（六）课程思政的理念与内涵

回首中国共产党建党百年，从南湖的一叶扁舟到巍巍中国号巨轮，始终坚定信念和理想，为人民谋幸福、为民族谋复兴、为全人类谋和平。以开天辟地、敢为人先的首创精神，攻克重重难关，取得累累硕果。漫漫理想征途，百年跋涉脚步，党的奋斗历程告诉我们：坚持中国共产党的领导，是实现中华民族伟大复兴的根本保证；永远保持革命精神和革命斗志，必将谱写无愧于时代、无愧于人民的新篇章，创造无愧于国家、无愧于历史的新辉煌！

如今作为新时代的中国青年，要有敢为人先的锐气，勇于求索的信心，开拓进取的气魄，与时俱进的品格，挑千斤重担，乘风浪前行。"以青春之我，创建青春之国家，青春之民族"，不忘初心、牢记使命，勇做走在时代前列为信仰奋斗的开拓者和奉献者；披荆斩棘，不负勇往，乘风破浪，扬帆远航。穿越百年，让理想照耀中国，让世界的目光齐聚中国。

本课程秉承学院"品学通、艺理通、古今通、中外通"的"四通"人才培养理念，坚持艺术载体与科技文化的跨界融通，努力实现国内一流，具有鲜明特色的高水平、开放式、创新型专业的发展目标。

（七）思政元素挖掘与思政素材选取

根据"课程思政"示范课程建设要求，从人才培养目标出发，全景式回顾中国共产党的伟大历程和辉煌成就，分析课程中包含的思政教育类型，深度挖掘课程中蕴含的思政教育元素。以"真题真做"为方针，"竞稿中标"为方法，进行课程教学设计，制订课程思政具体实施方案。通过学习党史，加强党的思想理论建设，继承党的成功经验和优良传统，并从中汲取智慧和力量。同时，丰富教学内容，创新教学方式，将思想政治教育贯穿于教育教学全过程，实现人才培养目标。

（八）专业知识与思政元素的有机融合

（1）关注时代——响应主旋律，做好广告创意与策划。课程数年来坚持将主旋律题材作为课程创意主题，引导学生主动学习相关的知识并深入思考，让学生自觉形成时刻关注时政的良好习惯。

（2）文化自信——引导学生用好东方语境的视听表达。我校一直致力于东方学的研究和实践，课程在此学术引领下，有意识地在教学中引导学生善用、巧用东方语境下的视听表现和创意表达，既形成学生作品特点，又培养了学生的文化自信。

（3）集体意识——巧引行业运行模式贯穿教学过程。在广告行业内集体作业是常态，分工合作是必然，所以在教学过程中，让学生更多地在一起集体讨论创意，在提报、创作过程中形成明确的分工合作，既让学生适应行业作业模式，又在此过程中培养了学生的集体意识。

（4）官媒发声——联动官媒决策主题，投放教学成果。联动权威官媒，课程之初共同决策广告主题，课程中请媒体代表参与学生创意的引导和判断，最终优秀教学成果投放于如浙江广电公益广告平台、浙报集团新媒体平台等，扩大学生作品和课程的社会影响力，培育学生的荣誉感，使课程做到"真题真做真投放"。

张书彬

中国美术考古

17

一、课程简介

中国美术考古课程是面向艺术史论专业本科三年级的专业必修课程，总学时为 72 学时，学分为 4 学分。

课程坚持立德树人、价值引领为先，回应时代关切与社会需求，守正创新，培根铸魂。以专业知识为导向，以科学教育为基础，以信息技术为手段，培养科学和人文双重素养，激发创新能力。致力于延伸教育的深度，拓宽教学的广度，增加美术考古专业的温度。以点带面，融会贯通，因材施教，提升学生的动手、主动学习和批判性思考的能力，将正确的价值观渗透进专业知识的传授与学生能力培养的过程中，培养学生的使命感和责任感。

课程结合学界最新的可靠研究成果，重视考古报告、出土文物、图像、原始文献等一手材料，进行地下文物与地上文物、传世文献之间，域外与域内文献之间，考古资料与绘画实物之间的综合多重互证。

在教学中践行"美境、美育、美心"的"三美育人"理想，坚持以美育人、以美化人，积极弘扬中华美育精神，引导学生自觉传承和弘扬中华优秀传统文化。充分利用学校的多专业学术资源，以及与校外科研机构搭建的学术网络，给予学生参与多种研究考察实践的可能性。以科研带动育人，致力于培养具备独立思考与判断力的"古今通、中外通、品学通、艺理通"的"哲匠"型人才。

二、课程挖掘的思政资源分析

课程有机融合专业训练和课程思政，理论与田野调研结合，基础和研究整合，线上与线下混合，着力形成"五位一体"循环。教学内容分为五大板块。

1. 板块一：导论——学术史、研究视野与研究资源

梳理美术考古学术脉络发展，综合比较考古学和美术史方法，概述研究视野、基本材料和专业学术发展前景。

以社会主义核心价值观培养学生的品德，实现专业研究能力的提高与课程思政教育相结合。传承中国历史文化遗产，丰富学生传统文化滋养。注重学术经典精读研讨，导入中国传统金石学与现代考古学观念。

2. 板块二：先秦美术考古与考古器物绘图

讲述如何阅读和使用考古发掘报告，提取有效信息。涉及史前彩陶、雕塑和商周青铜器、工艺品等，将之置入时代背景、风格演变和考古发掘现场讨论。择要讲述考古器物绘图的基本步骤、方法和操作要求。

以信息技术为手段，开展考古器物细读与绘图实践。以良渚文化及先秦美术为引，引导深刻体会人类命运共同体的深刻内涵。以传播优秀传统文化为目标，培养学生通过细致观察与绘图实践，有效

提取和理解古物中传统文化元素的能力。

3．板块三：中古宗教艺术研究资源与研究方法

结合考古报告和考察实录，关注中古宗教艺术在亚洲地区的传播与接受问题。涉及石窟艺术、寺塔建筑、多民族宗教艺术互动与物质文化交流等问题。

坚持立德树人、价值引领为先，回应时代关切与社会需求，求是创新。培养科学和人文双重素养，激发创新能力。以国家课题研究成果纳入教学，整合体系结构，促进科研与课程思政的紧密结合。立足学术经典传承、传统活化，传承中国历史文化遗产，丰富学生传统文化滋养。

4．板块四：敦煌学与丝绸之路美术考古

文明因交流而多彩，文明因互鉴而丰富。文明交流互鉴，是推动人类文明进步和世界和平发展的重要动力。介绍丝绸之路美术考古与文明交流互鉴的内在联系，彰显中华民族不断创新、自强不息与中国人不畏艰险的探索精神。

介绍"一带一路"倡议，深刻体会人类命运共同体和文明交流互鉴的重要价值和深刻内涵。依凭大数据优势，借助三维图像数据库资源（如数字敦煌等），开展全方位课程互动。致力于通过学术研究、艺术与科技融合，让收藏在博物馆里的文物、陈列在广阔大地上的遗产、书写在古籍里的文字都"活"起来。

5．板块五：田野踏勘乡土育人

充分利用学校多专业学术资源，以及与校外文保科研机构搭建的学术网络，给学生参与多种研究考察实践的可能性，以研究带动育人，推动创新。搭建多元开放学习平台，让学生亲历考古文物展览或考古现场，打通课堂与田野，重视现场和研究对象本身。

通过实地田野调研，学生深刻理解乡土与家国，能够从历史遗迹、遗物中探索中华文明和统一多民族国家的形成和发展道路，理解中华文明的基本特征及其在人类文明中的独特贡献，从而增强中国特色社会主义道路自信、理论自信、制度自信、文化自信，将爱国主义情怀自觉融入实现中华民族伟大复兴的奋斗之中。

三、案例课信息

（一）教学目标

中国美术考古课程坚持立德树人、价值引领为先，回应时代关切与社会需求，守正创新，培根铸魂。以美术考古专业知识为导向，以科学教育为基础，以信息技术为手段，培养科学和人文双重素养，激发创新能力。有机融合专业训练和课程思政，理论与田野调研结合，基础和研究整合，线上与线下混合，形成"五位一体"循环。

课程致力于延伸教育的深度，拓宽教学的广度，增加美术考古专业的温度。以点带面，融会贯通，

因材施教，提升学生的动手、主动学习和批判性思考的能力，将正确的价值观渗透进专业知识的传授与学生能力培养的过程中，培养学生的使命感和责任感。

在教学中践行"美境、美育、美心"的"三美育人"理想，坚持以美育人、以美化人，积极弘扬中华美育精神，引导学生自觉传承和弘扬中华优秀传统文化。以科研带动育人，致力于培养具备独立思考与判断力的"古今通、中外通、品学通、艺理通"的"哲匠"型人才。

文明因多样而交流，因交流而互鉴，因互鉴而发展。自古以来，中华文明就是在继承创新中不断发展，在兼收并蓄中历久弥新，在应时处变中不断升华，有力推动了人类文明的发展进程。在以和平、发展、合作、共赢为主题的新时代，立足未来，立足百年未有之大变局和实现中华民族伟大复兴的战略全局，传承和弘扬丝绸之路文明交流互鉴的精神更显重要和珍贵。

课程导入艺术史学、传统金石学与现代考古学观念，设置观念溯源、经典精读、古物细读、实地勘查、考古绘图、专题研讨等多条教学线索，搭建多元开放学习平台，进行主动教学课堂模式的探索和实验，形成跨学科、跨专业的多元性教学架构。重在通过学术训练，授之以渔，有效提升学生研究能力和思考深度。

通过实地田野调研，学生深刻理解乡土与家国，能够从历史遗迹、遗物中探索中华文明和统一多民族国家的形成和发展道路，理解中华文明的基本特征及其在人类文明中的独特贡献，从而增强中国特色社会主义道路自信、理论自信、制度自信、文化自信，将爱国主义情怀自觉融入实现中华民族伟大复兴的奋斗之中。

（二）教学方法

1. 丝路文明交流互鉴

本板块主要以唐代为例介绍丝绸之路美术考古与文明交流互鉴的内在联系，彰显中华民族不断创新、自强不息与中国人不畏艰险的探索精神。课程结合学界最新的可靠研究成果，重视考古报告、出土文物、图像、原始文献等一手材料，进行地下文物与地上文物、传世文献之间，域外与域内文献之间，考古资料与绘画实物之间的综合多重互证。课程还注重美术考古与其他领域（如历史学、社会学、人类学等）的交流互动，在跨专业、多重语境范畴下思考并拓宽中国美术考古乃至世界艺术史研究的视野、问题与方法，阐释中华优秀传统文化的内涵特质及世界贡献。

2. 田野课堂乡土育人

课程充分利用学校多专业资源以及与校外科研机构搭建的学术网络，打通课堂与田野，持续深入国家文物保护单位、爱国主义教育基地、考古发掘现场和重要博物馆开展现场教学，邀请专家学者现场导览交流。充分利用域外一流高校及艺术博物馆资源，互派师生，深入开展博物馆学、古物学、图像学、美术史学、文化遗产学研究。强调学生不仅在课堂中汲取知识和真理，还要在祖国大地上参访、调研、服务，在实践中了解国情、以行促知、以知践行，把论文写在祖国的大地上，为国家文物保护单位开展文化遗产管理保护与研究提供建设性方案，保护好中华民族精神生生不息的根脉。

课程致力于建设具有美术学院特色的田野调研教学与研究体系，强调经典研习，以美术馆、博物馆、历史遗迹遗址为工作现场，培养研读考古资料及物质文化遗产的能力，训练展览策划技能，提升"活化传统"经验，讲好中国的艺术故事。

（三）教学评价

考核方式及评分要求

（1）分值共 100 分。

（2）期中作业（读书报告）30%；期末作业（研究论文）50%；课堂讨论 20%。

说明：学期前段布置作业，由学生依兴趣自由选取专题，阐明选题理由、预期研究结构，大量阅读基本文献，提交期中读书报告。学期后期进行 2~3 次集中讲评与辅导，最后依据学生课堂讨论、改进情况和最终呈现状态评分。

（四）教学创新

（1）思想铸魂，塑造思政与课程有机融通的一体化美育格局。强化中国美术考古事业的学术品格，立足学术经典传承、传统活化，大力弘扬优秀传统文化，并形成一套高效系统的方法论，培养学生具备批判性思维，形成明确的问题意识。夯实基础，使学生树立马克思辩证唯物主义和历史唯物主义的世界观和方法论。

（2）价值立心，践行以"三美理想"为内核的艺术育人体系。结合案例教学，传承中国历史文化遗产，丰富学生传统文化滋养，正确深入认识历史，树立知识报国的远大目标。课程致力于提倡古为今用、守正创新，推动优秀传统文化的创造性转化和创新性发展，为弘扬中华优秀传统文化、增强文化自信提供坚强支撑。

（3）扎根田野，建构美术考古研究与人格塑造同构的实践育人体系。寓道于教，引导学生重视社会现场和研究对象本身。结合第一手学术材料和经典研究的精读、细读，系统性开展历史文化遗产、古迹遗址和重要博物馆的实地踏勘和现场研讨，使学生亲历文物展览与考古现场，打通课堂与田野。

（五）课程思政的理念与内涵

在专业课程思政体系建设中，力倡"作为人文学科的艺术史"，通过课程授课弘扬活化中华优秀传统文化，守正创新，夯实基础，提升学生传统文化底蕴和学术研究兴趣。

紧扣时代脉搏，师生在教与学的过程中，将了解现实、奉献社会与专业学习有机连接，使专业学习与思政育人充分结合。课程建立起专业实践和社会服务相结合的常态机制，凝练出教学、育人、服务"三位一体"的育人体系。强调以社会主义核心价值观培养学生的品德，立德树人，实现专业研究能力的提高与课程思政教育相结合。

寓德于教，秉持以社会主义核心价值观引领教学、科研和社会服务，发扬先进文化的价值导向。为建设中国特色、中国风格、中国气派的考古学贡献美术史论专业的学术力量。致力于通过学术研究、艺术与科技融合，让收藏在博物馆里的文物、陈列在广阔大地上的遗产、书写在古籍里的文字都"活"起来。切实践行"学术作为一种社会能量"，推动建设"艺术智性与新人文教育平台"，打造线上线下双向展开的社会美育体系，为国家的传统文化复兴和国际影响力贡献学科力量。

（六）思政元素挖掘与思政素材选取

课程重视发掘和传承中国历史文化遗产价值，深化美术史和考古研究的学科共生关系，构建课程思政与专业教学有机融通的一体化美育格局。课程的基础教学与研究，植根于20世纪初中国现代艺术史学科的草创阶段，承续由滕固、王子云、史岩、刘敦愿、邓白、王伯敏等先贤所开拓的美术考古研究传统，坚持立德树人、价值引领为先，回应时代关切与社会需求。

课程铺设观念溯源、经典精读、器物细读、田野考察、考古绘图、专题研讨等多条教学线索，让学生感受中国传统文化中造物观念之精微、技艺之巧妙，感受传统审美精神和人文关怀。师生共同在教与学、知与行、研究与引导的过程中，以美为媒，让优秀传统文化的璀璨风采在学术研究和创新实践中发扬光大。

（七）专业知识与思政元素的有机融合

1. 丝路文明交流互鉴

文明因交流而多彩，文明因互鉴而丰富。文明交流互鉴，是推动人类文明进步和世界和平发展的重要动力。自汉代张骞凿通西域以来，丝绸之路不断向东西延展。这条道路上不仅有用来进行贸易的丝绸、茶叶、瓷器、青金石、金银器等，还有来自不同国家不同人群的文化。可以说，丝绸之路千年的发展史正是一部文明交流融汇的历史，也用事实证明了中国的发展离不开世界，同样世界的发展也离不开中国。

"一带一路"倡议是促进共同发展、实现共同繁荣的合作共赢之路，是增进理解信任、加强全方位交流的和平友谊之路，不仅是传统丝路文明在现代的延伸，更是构建人类命运共同体的桥梁和纽带。

2. 田野课堂乡土育人

田野课堂教学，导入中国传统金石学与现代考古学观念，搭建多元开放学习平台，进行主动教学课堂模式的探索和实验，形成跨学科、跨专业的多元性教学架构。重在通过学术训练，授之以渔，有效提升学生研究能力和思考深度。

要求重视现场和研究对象本身，结合一手材料和经典研究的精读、细读，系统开展国家文物保护单位、爱国主义教育基地、考古发掘现场和重要博物馆的实地调研，亲历文物展览与考古现场，打通课堂与田野。立德树人，引导学生树立正确的理想、信念、价值观，激发爱国热情，培养社会责任感和振兴中华的民族精神，勇担青年之责。

兴造的开端

——园宅与院宅

宋曙华

一、课程简介

　　"兴造的开端——园宅与院宅"课程是建筑系二年级的入门课程。本课程在建筑学本科第一个设计课中，引入中国传统的造园艺术与诗意庭院，是整个学院"重建一种中国本土建筑学"教学理想的启蒙。本课程坚守本土建筑学内核，勇于在教学思路、教学模式与方法上实验创新，依托传统的人文与书画艺术，深度发掘中国传统空间美学，形成跨学科、跨专业整合多元性教学架构。

　　课程设置多条教学线索，打造开放的教学平台，关注当代学生的时代特点，对如何将教学设定为"以学生为中心"的主动教学课堂模式，进行深入研究与实验。因材施教，引导学生展开自主研究，尤其重视对学生亲手营造的培养。其最终目的是为了培养能够秉承中国传统空间美学——"如哲人般思考，像工匠般劳作"，具备独立思考与判断力的新时代开创性人才。

二、课程挖掘的思政资源分析

1．课程思政资源的宏观展望

　　本课程从创建之初就立足本土空间艺术，弘扬中国传统文化，聚焦中国传统造园与院落空间，将建筑设计教学与中国传统经典空间相融。在中国传统文化的学习与研究过程中，潜移默化地融入思政元素，在教授专业知识的同时，建立中国本土空间艺术的文化自信，弘扬家国情怀，集中展现了新时代建筑艺术教学根植本土与传统、关注当代、面向未来的体系化教学视野。

2．与思政资源有机融合

　　通过对中国传统园林与庭院空间的持续研究，深入了解中国本土传统历史与文化，培养山河家国情怀，发掘传统审美模式，通过对中国传统空间生活的细致研究，将空间形式的研究结果转化为当代建筑设计。

3．思政资源的实施

　　在此学习与转化的过程中，将中国山水自然精神与人文关怀深深置入内心，并与日常生活结合起来，通过营造的方式再现出来，在这样的研究与设计的过程中，逐渐建立并增强同学们对国家、对民族文化的自信心。

4．以思政为先导的育人元素

　　培养对中国本土建筑空间营造的创新力，推动文化的继承与更新。

　　课程思政资源在整个课程设置过程中，贯穿始终。从调研考察、分析传统元素、确立主题研究、设计成果呈现、总结评图等方面层层设定，循序渐进。

三、案例课信息

（一）教学目标

1. 价值目标

课程的目的在于引导学生自主建立一套以"传统艺术与自然营造"为根基的当代本土建筑学设计观念。

2. 知识目标

培育学生对传统艺术与空间营造的热爱，启发学生开创一套融汇了传统的设计语法，掌握一种结构性的当代建筑空间语言。

3. 能力目标

教学中紧扣建筑教育的时代性、地域性、现实性。寓思政于专业教育，通过对中国传统空间的感知和理解，探讨传统文化在新时代的诠释可能。围绕时代精神和发展需求进行具有现实意义的当代本土建筑学探索。以多维度的课程教学创作体验，建立家国情怀与对传统文化的自豪感。

（二）教学内容

1. 课堂设计思路

"兴造的开端——园宅与院宅"课程是本科二年级的基础课程，是建筑学教学的第一个设计课。近年来，课程在教学理念上摆脱了以往建筑学教育片面强调"技术优先，服务配套"的思想方法，以当今本土建筑初步教学作为切入点，设置建筑与艺术相结合的传统空间形态向当代性转化的研究。

2. 教学重点

将"中国传统造园"融入当代本土建筑学课程模式中，以中国传统山水绘画作为解析传统造园的视角，以当代建筑几何造园的范式语言为研究手段，将园意与画境转化为空间营造的教学方式。

3. 教学难点

培育学生以传统空间艺术的视角重审当代城市与建筑空间，建立独立的判断力，以自主的观念创造未来。

（三）教学方法

1. 教学过程

第一阶段：中国传统园林考察与研究，学习中国传统山水绘画的空间特点。

第二阶段：创作园林空间短片剧本，根据园林现场空间叙事流线创作一部游园短片，以当代东方美学视角结合传统山水绘画的视觉空间语言。

第三阶段：分析园林短片剧本的叙事结构，强化对传统空间当代传承的研究方式。

第四阶段：以主题性园林短片拍摄内容做空间设计，寻求与探讨中国本土艺术空间的创新之路。

2. 教学方法

第一、二阶段，园林现场讲解与引导；第三阶段，课堂讲授与讨论；第四阶段，综合评图。

3. 教学活动设计

第一阶段，组织传统园林现场考察；第二阶段，编订"园林事件剧本"；第三阶段，拍摄诗意的园林事件短片；第四阶段，根据短片作一幅传统立轴的空间山水绘画。

4. 课程思政理念及分析

第一阶段，培养对本土传统空间的认识与兴趣；第二阶段，建立文化自信，培养民族自豪感；第三阶段，寻求独立自主的空间研究方式；第四阶段，立足新的历史时期，以国际视野展望中国当代艺术创作实践，培养具有家国情怀的新时代艺术人才。

（四）教学评价

分成四种教学评价模式。

1. 建立互动的评价形式

建立多元的教学评价体系。由单一的教师评价学生，转向不同教学线索课内评价；教学小组内有院系内部的师生评图、学生互评；不同专业学系跨学科的评价。对教学作业评价，引入学生评价的权重，通过学生对于教学成果的互评和对教学过程的理解进行观察。

2. 分阶段评价

将教学过程分解为若干个阶段，针对每个阶段的特点和不同要求进行评价指标设计。对教学进程具有良好的质量控制效果。

3. 交叉领域的多主体评价

邀请不同专业背景的校内外专家，不定期做专题性评图。

（五）教学创新

（1）从单一的师生课堂讲授，变为以多位教师平行主持不同线索的"大平台"课的自主教学方式。

（2）课程教学活动多元化，从过去守在教室中讲课，创新为走出去，进入研究的现场（城市、乡村、生活）的教学研讨模式。课堂教学结合主题"园宅与院宅"，开展传统江南园林与浙江村镇民居调研。将课堂设置在诗意与自然的传统空间氛围里，让学生得到传统美学与生活的滋养。

（3）课堂讲授结合线上教学。通过线上资源，有引导地开展自主学习。以电影中的建筑空间为例，讲授未来与虚拟空间，开发学生的想象力与创造力。

（4）引导教学成果的交流。支持学生的课堂教学成果参与各类相关展览，申报参与各级大学生空间创作竞赛，让学生得到多方位的交流与锻炼，在不同的高校教学平台展现成果，以赛促改，促进课程的完善。

（5）注重抽象表达与具象感知的结合。既借助抽象符号系统的形式操作，又强调通过空间渲染等手段对空间进行感知和再现，连接抽象符号和感知经验。

（6）注重课程的拓展性和广度，注重与建筑历史的融合教育，基于历史维度进一步拓展空间类型研究的范围。

（六）课程思政的理念与内涵

从城市建筑学的广度研究本土建筑空间传承的问题，结合当下中国村镇院宅研究深入更新实践，继续推进"本土文化自信"相融相通的中国本土建筑教学初步的探索。

（七）思政元素挖掘与思政素材选取

建筑不仅仅是人类居住的场所，在历史的发展和沉淀中，建筑拥有了更多的文化内涵，成为文化的物质载体，体现着民族的精神和哲学。本课程将持续保持"中国本土建筑学研究"的共同主题，秉持"树人为本，立德在先"的教学望境，在多线索平行的课题化教学模式中设置更加丰富而具体的思政元素。

（八）专业知识与思政元素的有机融合

第一，课程寓思政教育于具体的学习和感知中，强调学生主动地探究与发现。结合园林考察及民居考察等学习途径，让学生身临其境感受中国传统建筑文化现场。

第二，要继续深耕建筑造园与传统艺术，特别是传统书画艺术在当代思政意识与方法上的关联，打通专业与思政之间的关联。

第三，引入思政元素，拓展教学视野。

放眼未来，从中国本土传统造园意趣与当代"家国情怀"的结合点切入，在设计课程中全面建立起"由点到面，循序渐进"的传统建筑学思政入门课程体系。

微城市·聚落：新型城镇化建设实验

陈 柯

19

一、课程简介

1．开设目的

本课程立足浙江精神和新型城镇化建设理念的契合，以生态文明建设、民营经济创新和城乡统筹为线索，开展对城乡一体化聚落的规划设计教学。

课程选址在浙江城乡结合地带的村庄，引导学生以"微城市·聚落"为题认识浙江新型城镇化建设的现实背景、发展特色和未来进化趋势。通过对城郊村庄开展详细的在地研究和精微设计实践，探讨一种以生态保护为前提，着眼经济模式与空间形态相匹配，满足未来城乡一体化发展和城乡无差别生活需求的基本聚居单元，并掌握相应低密度村域聚落的规划设计和改造再生方法。

2．主要内容

（1）认识"两山论"在新型城镇化建设中的指导意义；

（2）认识浙江高质量发展建设共同富裕示范区的背景与政策导向；

（3）认识浙江地方经济社会发展脉络和城乡统筹建设思路；

（4）掌握生态学和乡村聚落相关理论知识，开展城乡统筹调查实践；

（5）掌握微城市·聚落的规划编制方法，制作相应规划成果；

（6）掌握微城市·聚落的建筑与公共空间更新设计方法，完成相应设计方案。

3．课程特色

（1）分析引领浙江发展的"浙江精神"，将其中的立足点作为教学实验框架；

（2）将生态保护、城乡融合涉及的知识内容集中梳理，据此设定针对性教学任务。

二、课程挖掘的思政资源分析

1．本课程着眼的思政育人背景

（1）浙江新型城镇化建设的先行发展与示范背景

2021 年，中共中央、国务院发布《关于支持浙江高质量发展建设共同富裕示范区的意见》，使浙江成为继深圳市建设中国特色社会主义先行示范区和上海浦东新区打造社会主义现代化建设引领区后，首个担纲社会主义国家战略的省级行政区。这标志着浙江的新型城镇化建设进入一个新的历史时期。之所以选择浙江作为建设共同富裕的示范区，缘自其在增量建设阶段即能实现一定程度上的城乡均衡发展。其中，以"浙江精神"为显现，来自乡村领域的民营经济创新发展，不仅帮助改革开放初期处于落后地位的浙江经济实现逆转，其积累也在进入 21 世纪后支撑了以美丽乡村、特色小镇、风情小镇和村域小城市为代表的众多具有全国首创意义的新型城镇化建设探索。而在浙江当前的共同富裕实施方案中，以乡村新社区为载体的"共同富裕现代化基本单元"也成为未来探索城乡融合、拓展新型城镇化建设路径的先行发展课题。

基于上述建设经验和发展理念，本课程以浙江城郊正在面临城乡一体化转型的村庄为潜在对象群体，以可兼具乡土国情和未来无差别城乡发展特点的新型村域聚落（微城市·聚落）为实验母题，探索新型城镇化建设的浙江本土和时代内涵。在教学实践中，浙江的生态环境优势、民营经济传统和城乡统筹特色将得到进一步正视，并成为教学目标、教学内容和教学方法的主导性框架。

（2）新型城镇化建设和"浙江精神"的内在契合

作为习近平新时代中国特色社会主义思想的重要萌发地，浙江的发展始终与"浙江精神"联系在一起。立足"浙江精神"，近年来的浙江新型城镇化建设也不断创造出新成就，从这些成就中不难看出，浙江精神的内核及其延伸的重要立足点，具备成为探讨新型城镇化建设基本框架的理论与现实条件，并已为浙江的城镇化建设孕育出如下三个重要理念：

其一，锁定"绿水青山就是金山银山"的生态文明价值；

其二，培育植根于块状经济和创新驱动的当代生产生活聚落；

其三，实验嫁接城乡优势的隐形城市化助力城乡融合发展。

基于此，本课程立足浙江精神与新型城镇化建设理念的上述契合，从生态文明建设、民营经济创新和城乡统筹三方面设定育人目标，搭建教学框架，系统培养学生在浙江新型城镇化建设中的理论视野和实践技能。

2．本课程提取的思政育人元素

本课程以"浙江精神"指导下的新型城镇化建设理念作为思政育人和专业教学的框架，将"两山论""聚落共同体"和"城乡统筹"作为基本的思政育人元素，贯穿课程始终。在后续教学中，上述三个育人元素将对应指导由"城乡生态议题""城镇聚落及其基本类型"和"城乡融合"组成的理论学习专题，并引导学生分别完成由"生态聚落机制策划""微城市·聚落规划"与"城乡一体化聚居单元详细设计"组成的实践训练专题，具体如下。

【育人元素一】"两山论"

解析"绿水青山就是金山银山"的生态文明价值对浙江城镇化建设的指导。

【相应切入点】城市生态议题概览——生态聚落机制策划

引导学生从不同角度熟悉城市生态议题，从生态学科、生态准则和城市生态规划的历史事件中掌握相关知识，汲取我国传统人居观念中的生态意识，把握现当代我国城市生态文明建设的基本脉络，并据此学习生态聚落策划方法。

【育人元素二】"聚落共同体"

解析浙江块状经济和创新驱动发展下的小（城）镇、新型村域聚落建设成就。

【相应切入点】城乡聚落基本类型研究——微城市聚落规划

引导学生讨论微城市原理，了解和认识不同经济模式和社会背景下的聚落类型，掌握聚落设计涉及的城市形态学、地理行政区划，以及建筑功能等方面的知识，以营建"聚落共同体"的立场展开相关规划设计训练。

【育人元素三】"城乡统筹（隐形城市化）"

解析以城乡统筹为导向的浙江郊区发展特色。

【相应切入点】城乡融合沿革整理——城乡一体化聚居单元详细设计

回顾我国乡村建设历史，了解国外工业革命以来的田园城市运动、有机疏散思想、边缘城市效应和低密度人居实验，思考浙江郊区城乡融合的本土方式和意义，并引导学生结合"互联网＋""物联网＋"的技术背景对微城市聚落展开无差别城乡设计实验。

3．本课程的思政教学基础

本课程是为我国新型城镇化建设培养规划设计人才的课程，自推进思政教学以来，从教学目标、教学原理和教学实施方面不断调整完善。课程所在高校是国家"双一流"建设高校，所在专业入选国家一流本科专业建设点，所在城市设计系致力于培养掌握城乡规划设计理论和技能，应对本土和现实国情需要的专业复合型人才。基于此，课程注重落实思政教学的客观性、针对性和有效性。区别于简单将育人元素追加在教学中，本课程将思政育人元素作为组织专业知识与专业技能的基本框架，从根本上保证了思政育人与专业教学的协调统一。

三、案例课信息

（一）教学目标

1. 价值目标

正确认识我国 "五位一体" 总体布局中的生态文明建设在新型城镇化建设中的特殊地位，培养学生的生态本体意识；了解改革开放以来浙江精神引导的本地经济模式和当代创新经济对空间的内在需求，培养学生的聚落共同体意识；深入了解浙江省情，从乡土文化、乡村社会和自发建造等方面建立本土世界观。

2. 知识目标

引导学生学习"两山论"、聚落共同体的基本内容，了解和掌握城乡生态、城乡聚落基本类型和城乡融合发展的相关知识。

3. 能力目标

通过知识学习和技能训练，学生具备策划生态聚落、规划微城市聚落和详细设计低密度城乡一体化聚居社区的能力。

（二）教学内容

1. 教学设计思路

课程以课堂教学为中心，按课前、课中和课后三个时序，合理设计教学途径和作业形式，并注意课程思政育人元素在教学开展和阶段作业完成过程中的不同融入形式（见图1）。在教学开展的各类途径中，思政育人要素是学生须结合思考的学习对象之一，而在各类阶段作业完成过程中，课程设定的思政育人要素应成为学生自觉持有的基本立场和内在价值观念。

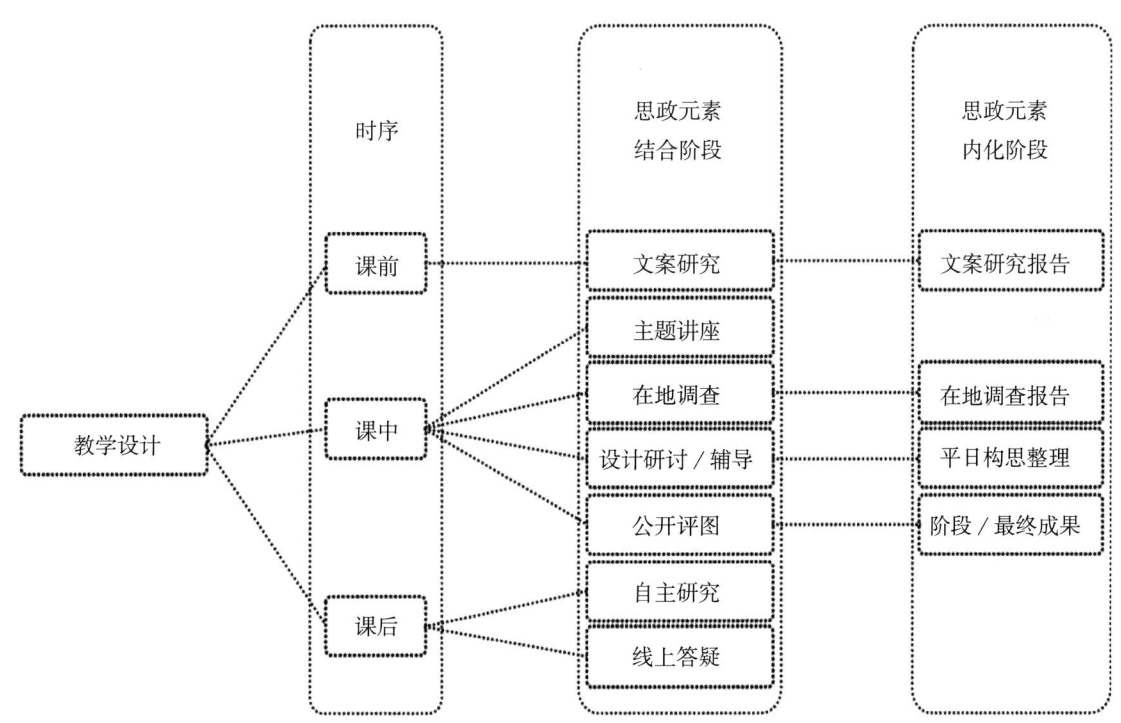

图1　教学设计思路

2. 教学重点

（1）以"两山论"指导城市生态研究与生态聚落策划。正确认识"五位一体"总体布局中生态文明建设在浙江新型城镇化建设中的指导意义；引导学生在城乡规划设计中具备生态优先和生态本体的建设意识。

（2）以"聚落共同体"指导城乡聚落基本类型研究和微城市聚落的规划设计实践。了解浙江精神引导下的浙江块状经济特点和当代创新驱动型经济的发展动向，认识并分析其对聚落空间形态的影响和未来需求。

（3）以"城乡统筹"指导对城乡融合沿革的认识和对城乡一体化聚居单元的详细设计。深入认识乡土国情，从城乡统筹和乡村振兴结合角度认识当前城乡关系发展趋势；从乡土社会、聚居邻里和自发建造等方面设定相应作业任务。

3. 教学难点

（1）如何将对生态资源的认识转化为对聚落空间和产业结构的认识；

（2）如何以社会学中的"共同体"解析浙江民营经济的发展规律；

（3）如何界定聚落建设中的乡土国情和无差别城乡发展因素。

4. 对重点、难点的处理

引导学生结合国土空间规划中对生态与农业空间的刚性管控和永续农业视野，建立对自然基盘和现代农业的讨论；引导学生结合"本质意志"和"乡土社会"指向的紧凑规模，还原聚落社会的空间生产性；引导学生从村庄到市镇的连续过渡中总结城乡融合与分立规律，并结合对欧美郊区范式的反思，探索突破城乡二元对立发展模式的规划设计思路。

（三）教学方法

1. 教学过程

【单元一】"微城市·聚落"导论与思政元素解析（第1周）

● 授课内容：以校内课堂和现场课堂结合方式完成下列讲座。

——课程研究对象、现实案例与理论参考

——两山论：生态资源作为空间与产业结构

——共同体：民营经济、宗族社会和聚落空间

——城乡统筹：浙江的隐形城市化现象

● 作业形式：主题思考与视野整理（个人作业）

【单元二】调查研究与分析（第2~4周）

任务1 文案研究

● 授课内容：对应思政育人元素，开展"城乡生态议题""城镇聚落及其基本类型"和"城乡融合"

的专题文案研究。

● 作业形式：主题研究报告（个人作业）

任务2 在地调查

● 授课内容：进入村落开展现场调查；以采访、问卷、测绘、踏勘等方式收集信息，完成现场调查报告。

● 作业形式：在地调查报告（小组作业）

【单元三】规划设计实践（第5~10周）

任务3 生态聚落机制策划

● 授课内容：引导学生以课程思政元素为指导，将聚落看待为不同线索的经济与社会过程，选取现实要素，策划可行的运行机制。在策划过程中培养系统性、周期性、关联性、复合性和触媒性等思维方式。

● 作业形式：机制策划图解（个人作业）

任务4 微城市·聚落规划

● 授课内容：介绍我国城镇规划编制体系和村庄规划编制相关知识。引导学生依据前期调查研究，提出规划理念，并依据国家和地方相关规范标准和技术文件完成聚落规划。

● 作业形式：规划编制文件（小组作业）

任务5 城乡一体化聚居单元详细设计

● 授课内容：引导学生选取聚落中特定尺度、特定功能的建筑组团或公共空间，依据前期规划成果，进行不同程度的微观更新设计，包括整治、改造和新建三种途径。

● 作业形式：完整设计图解（个人作业）

2. 教学路径

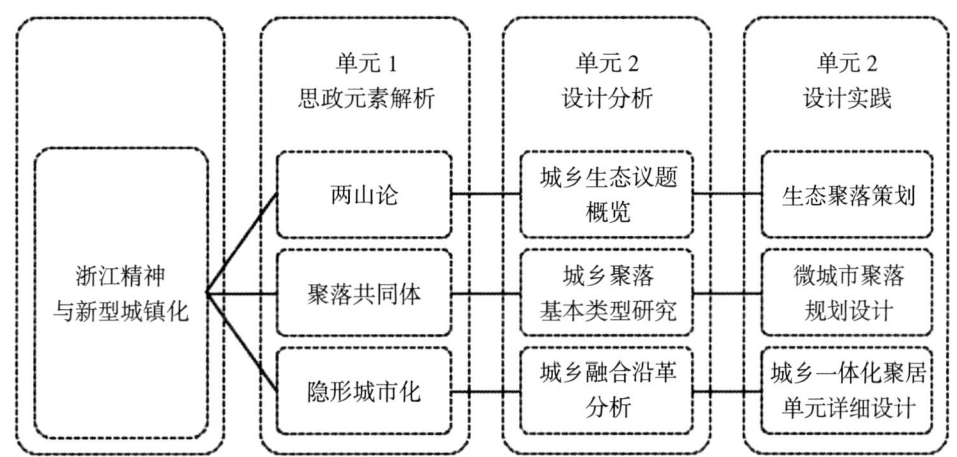

图2 教学路径

3. 教学方法

本课程依据各单元任务特点，分别采用专题讲座、文案研究、在地调查、策划指导、设计辅导和互动评图等方式开展教学。

【思政讲座】

（1）介绍"两山论"和生态文明建设相关理论；

（2）介绍浙江民营经济传统和现代农业改革情况；

（3）介绍美丽乡村、特色小镇和村域小城市等浙江隐形城市化现象。

【文案研究】

课程引导学生以提供的参考教材系统和自主收集的文献资料为对象，开展对城市生态议题、城乡聚落基本类型和城乡融合沿革的文案研究。

【在地调查】

课程引导学生以浙江郊区的典型村庄为调查对象，通过现场踏勘、问卷调查、村民访谈和互动交流等方式开展实地调查研究，并从以下几个方面整理调查成果。

自然生态 / 人口结构 / 产业构成

土地利用 / 公共服务 / 基础设施

街巷肌理 / 历史建筑 / 非遗传承

【策划指导】

课程引导学生以课程思政元为指导，辅以特定表达方式，选取聚落社会经济中的特定线索，策划相应运行机制，培养学生以周期性、系统性、闭环性、触媒性等发展思路看待聚落规划设计。

【规划与设计辅导】

课程分阶段进行规划与设计辅导，按照国家和地方现行规划标准设定规划与设计任务及其要求，并进行设计的具体指导。

【互动评图】

课程邀请校内外专家和教师定期举办阶段性成果的评图指导，引导学生从中获取建设性的规划设计建议。

4. 教学活动设计

（1）课程设置服务思政元素解析和专业知识讲解的校内讲座课堂和聚落现场讲授课堂；

（2）课程设置服务思政元素融入和专业知识消化的课堂互动讨论，以及现实情境中与乡贤、村民、职能部门的对谈、访谈和交流；

（3）课程设置服务思政元素内化和专业知识融汇的阶段性作业任务及其配套的设计讨论和公开评图。

（四）教学评价

课程开设以来，受到学生和专业教师认可。一方面，以思政要素作为引导的跨学科多元知识激发学生深入城市研究，为后续课程、继续教育和投身工作奠定基础；另一方面，课程教学本身即为新型城镇化建设背景下，对城乡规划与城市设计教学的必要诊断，也将对同行专业教师产生启发作用。

（五）教学创新

（1）本课程将引领浙江走入"发展前列"的浙江精神作为思政育人线索，将在"浙江缘起"的"两山论"、块状经济和城乡一体化建设作为育人着眼点。

（2）本课程突破在教学中追加思政的做法，尝试以思政元素作为教学的直接框架，并按思政解析、知识分析和设计实践三个步骤平行梳理知识要点和训练内容。

（3）本课程选题紧扣我国城乡统筹发展，以对城乡结合地带聚落的精微设计代替粗放式城市扩张规划，并提出将可嫁接城乡的"微城市聚落"作为新型城镇化建设的基本单位。

（4）本课程强调跨学科知识统合。微城市聚落是小规模"全因素设计"，课程创造性地搭建立体知识平台，引导学生从生态保护、在地经济、产业形态等多维领域寻求空间规划设计依据。

（六）课程思政的理念与内涵

课程以"两山论"为内核，正确认识生态文明建设在浙江新型城镇化建设中的结构性意义；了解在浙江精神引导下的当代创新驱动型经济对聚落空间形态的型构价值；从城乡统筹角度认识乡土社会、聚居邻里和自发建造的互动关联与现实价值。

（七）思政元素挖掘与思政素材选取

1. 思政元素挖掘

课程以"两山论"、聚落共同体和城乡统筹为基本思政育人元素，并在原理解析中探讨概念延伸，形成如下开放知识序列。

● 两山论：生态文明／三线三区／三生空间／自然基盘／国土空间／田园城市／山水城市……

● 聚落共同体：块状经济／三产融合／永续农业／创新驱动／宗族社会／差序格局／文化遗产……

● 城乡统筹：隐形城市化／城乡一体化／无差别城乡／土地流转／基本公共服务均等化……

2. 思政素材选取

课程选取近年来充分体现"浙江精神"的典型建设案例作为思政育人的素材对象，具有如下特点。

（1）所选取聚落中包含已向全国推介的各类浙江首创实践。美丽乡村、特色小镇、风情小镇和村域小城市均具备先行示范意义。

（2）所选取理念利于凸显浙江精神在乡土国情转型中的策源价值。国土空间规划、粮食生产功能区、立体农作等均具全局意义。

（3）所选取议题着眼浙江精神的改革原始动力和未来发展倾向。无差别城乡议题中包含对数字农业、未来工厂、百工社会和生态栖居等诸多规划设计新对象的探索。

（八）专业知识与思政元素的有机融合

课程注重落实思政教学的客观性、针对性和有效性。区别于简单将育人元素追加在教学中，本课程将思政育人元素作为组织专业知识与专业技能的基本框架，从根本上保证了思政育人目标与教学内容、教学手段的协调统一。

其一，"生态环境"从过去被动看待的客观资源转变为可为聚落规划设计提供空间和产业先存结构的自然基盘和空间本体，生态文明建设由单一的思政要素上升为教学依据。

其二，"共同体"作为聚落规划设计的社会学分析基础，使物理空间的建造和社会形态的营造相统一，成为探讨乡土国情下无差别城乡聚居生活的工作途径。

其三，"城乡统筹"将作为正确认识浙江新型城镇化建设创新样态的重要依据，从而确保教学实验本身的多样探讨。

（九）课程未来建设

（1）建设目标：实现思政育人与专业教学无缝对接，夯实理论教学，扩充国内外案例，丰富教学手段，完成示范建设与教学改革。

（2）建设机制：关注我国国土空间规划与城乡建设政策导向，建立教学讨论机制。定期举办评图和展览，完善工作坊建设。

（3）创新举措：以浙江城郊聚落为对象，进一步梳理类型研究，拓展产业策划与空间建造实验教学。

（4）预期成果：拓展科研实践，发表相关论文，制作课程实录。

四、课程基本作业形式

1. 调查报告

分为文案研究与在地调查两种报告。前者引导学生围绕课程思政元素、核心概念，对相关理论著述、国家与地方政策法规开展学习，完成相应文案作业。后者引导学生进入村域聚落现场，以采访、问卷、测绘、踏勘等方式收集信息，依据社会经济、自然环境、历史文化、土地利用、规划政策等方面完成调查作业。

【作业任务书】在地调查任务清单

1. 区位区划*	1) 地理区位 2) 行政区划 3) 主要经济技术指标
2. 历史文化*^	1) 村庄发展历史 /…… 2) 入选历史文化名村、传统村落、历史文化村落等名录情况 /…… 3) 文物保护单位 / 历史建筑 / 传统风貌建筑 / 历史环境要素 /…… 4) 非物质文化遗产 /……
3. 规划政策	1) 上位规划 / 相关专项规划 /…… 2) 村庄发展相关政策 / 村庄管理制度 /……
4. 自然生态*^	1) 两山论、生态文明建设、国土空间规划政策背景 /…… 2) 地形地貌 / 工程地质 / 水文地质 / 气候条件 /…… 3) 自然资源（土地资源、水资源、矿产资源、生物资源） /…… 4) 生态水系： 水系统要素：溪 / 渠 / 陂 / 沃口 / 塘 / 井 / 水系统循环与利用
5. 村庄人口^	1) 户籍人口、户数、劳动力数 / 年龄、性别、职业、教育、收入等结构 /…… 2) 宗族谱系 / 家庭结构 /…… 3) 原住 / 外来 / 常驻 / 外出 / 留守 /…… 4) 人才引进 /……
6. 产业构成*^	1) 一产：粮食、经济作物 / 农田类型 / 土地禀赋 / 农业设施 /…… 　　家庭农场 / 农业合作社 / 农业协会 / 农业产业化联合体 /…… 2) 二产：村办企业 / 集体经营企业 / 民营企业 /…… 3) 三产：文化创意 / 服务业 / 旅游业 / 农村电商 …… 4) 土地承包、经营与流转 / 集体收入结构 / 三次产业比重、融合情况 /……
7. 土地利用*^	1) 国土（空间）土地利用规划 / 2) 土地利用现状 /
8. 公共服务*^	1) 基本公共服务：教育 / 医疗 / 养老 / 社会保障 / 2) 其他公共服务：行政 / 文化 / 体育 / 娱乐 / 商业 / 金融 / 旅游 /
9. 基础设施*	1) 对外公共交通 / 村内道路 / 停车场 /…… 2) 公共厕所 / 公共照明 / 垃圾处理 / 日常供给 /…… 3) 给水工程 / 污水工程 / 雨水工程 /…… 4) 电力管线 / 电信工程 /…… 5) 消防 / 防洪 /……
10. 空间形态*^	1) 空间格局 / 空间主轴 / 空间区域 /…… 2) 街巷布局 / 街巷分级 / 街巷断面 / 路面材料 /…… 3) 空间结点 / 分级公共空间 /…… 4) 区域组团分析与界定 /…… 5) 建筑年代 / 功能 / 形制 / 结构形式 / 主要材料 / 建筑状况 /……

注：*表示调查成果中须包含以村庄总图为基础的图解，^表示调查成果中须包含统计图表。

2．策划与规划

分为文案策划与空间规划两种形式。前者引导学生依据思政要素确立视野，将村域聚落看作不同线索的经济与社会过程，选取现实要素，策划可行的聚落整体或局部运行机制。后者引导学生依据前期调查研究，结合文案策划提出空间规划理念，制作规划的技术成果。

【学生作业】文案策划

新型村域聚落机制策划——合作社产业发展模式和企业优化

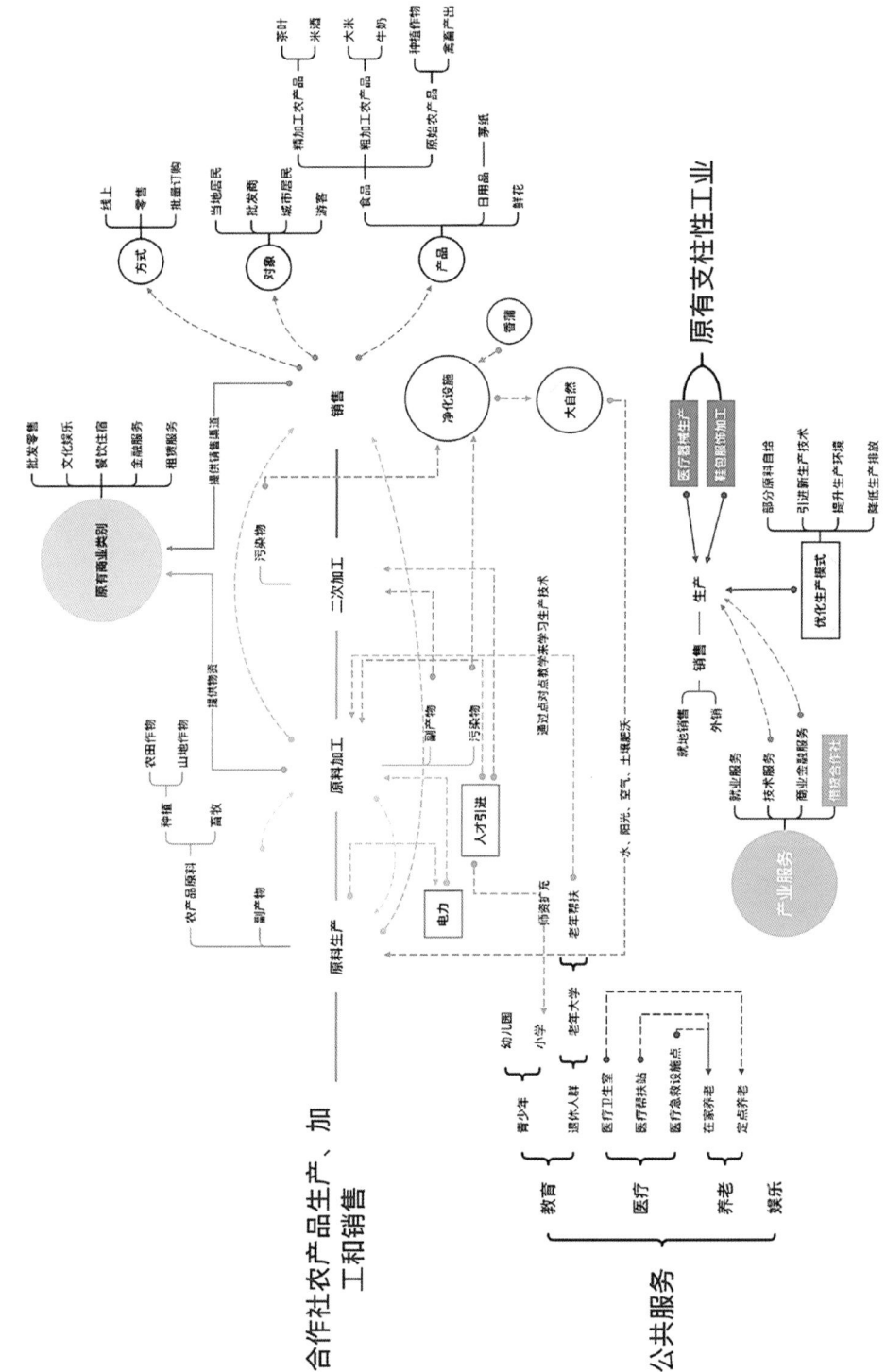

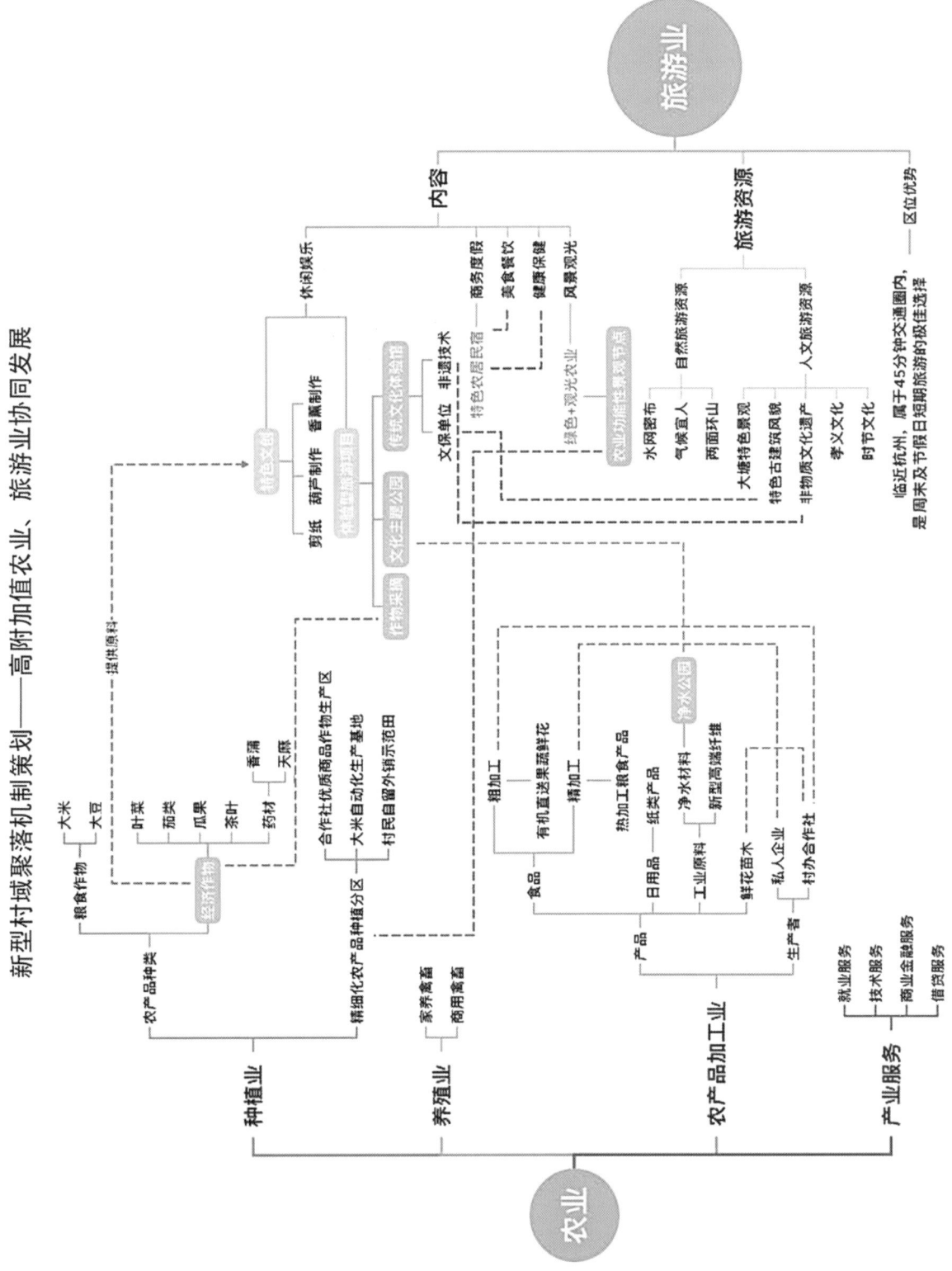

新型村域聚落机制制划——高附加值农业、旅游业协同发展

3．详细设计

以思政元素确立的前期调查和聚落规划为基础，选择聚落中的特定建筑组团或公共空间，依据整治、改造或新建三种不同方式进行详细设计。设计中须兼顾历史文化保护、景观风貌控制、生态宜居建造等方面，并探索无差别城乡生活营造中建筑与公共空间的功能与形式转向。

【学生作业】详细设计

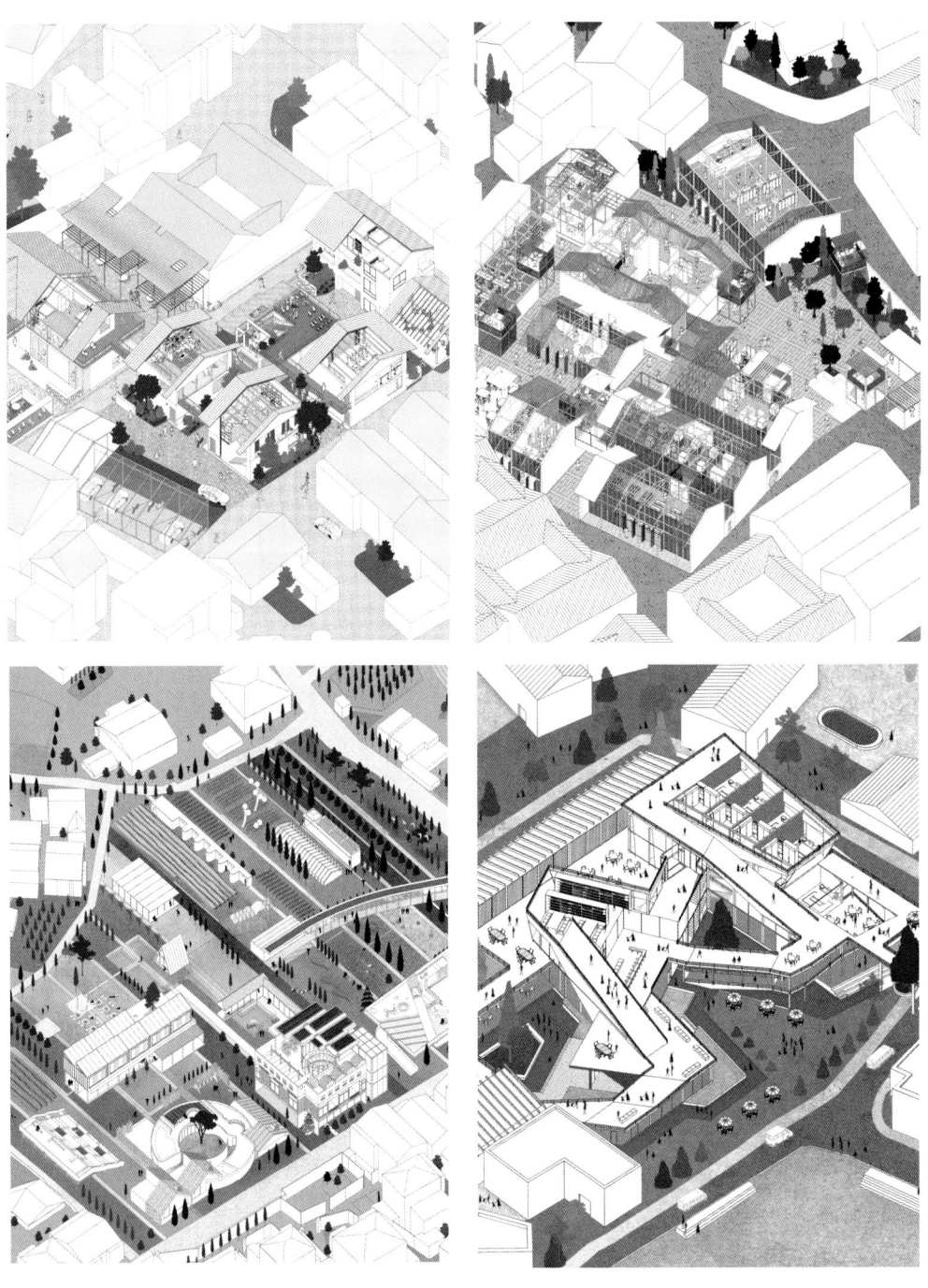

【学生作业】详细设计

01-24 城乡交互·康养民宿

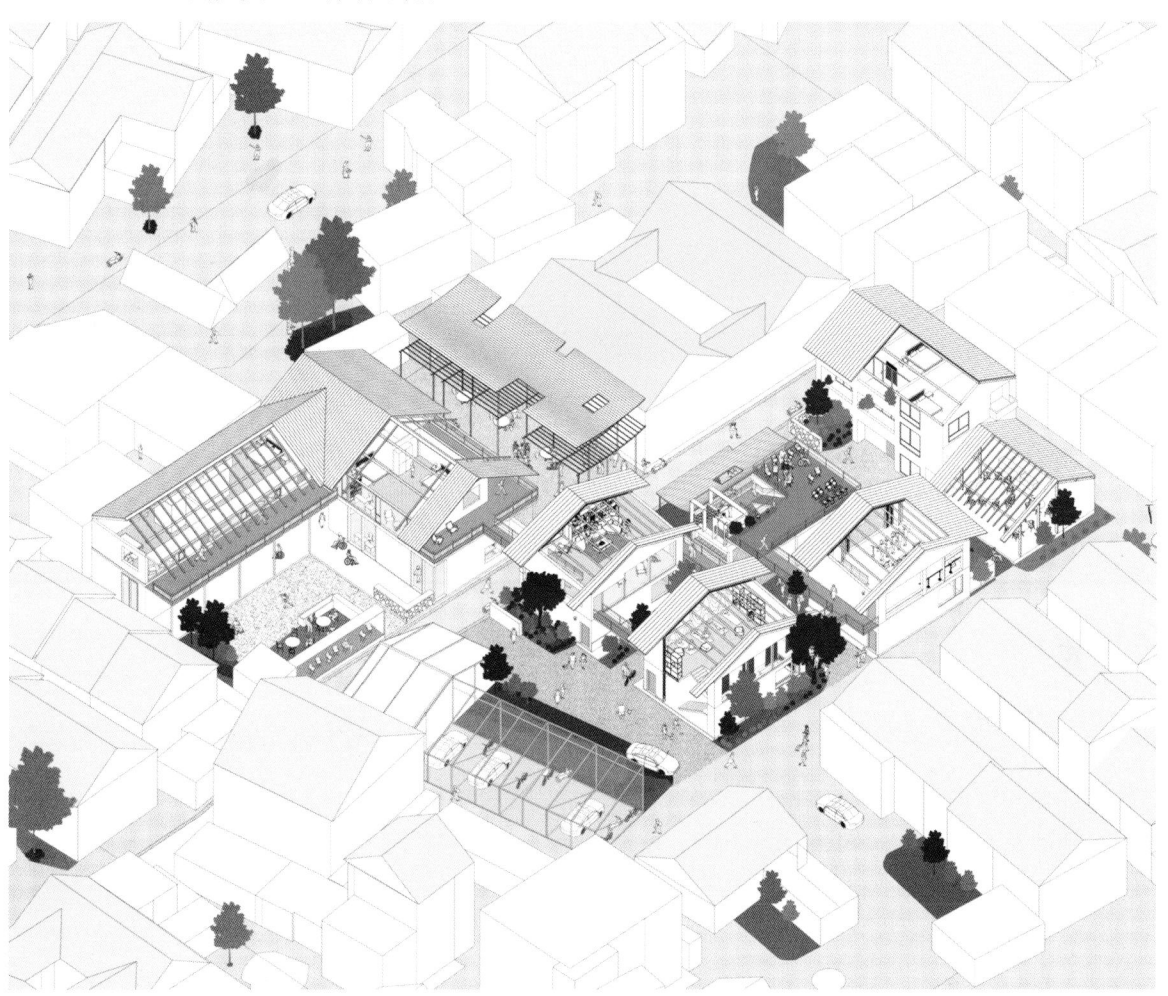

【学生作业】详细设计

02-03 非遗传承·民艺工坊

【学生作业】详细设计

02-04 生态科技·研学基地

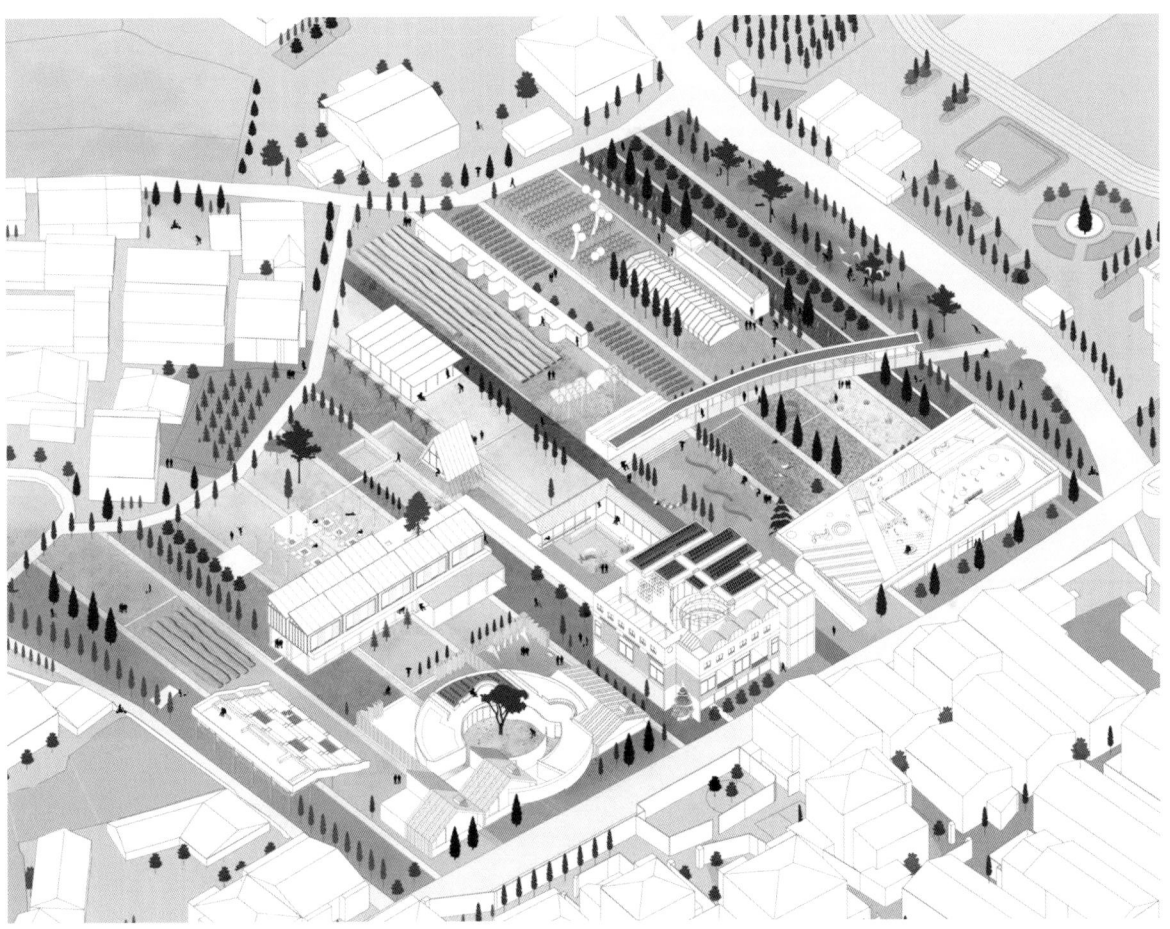

【学生作业】详细设计

03-02 农产附加·绿链合作社

【学生作业】详细设计

03-03 小微金融·借贷信用社

【学生作业】详细设计

04-04 公共服务・互助养老中心

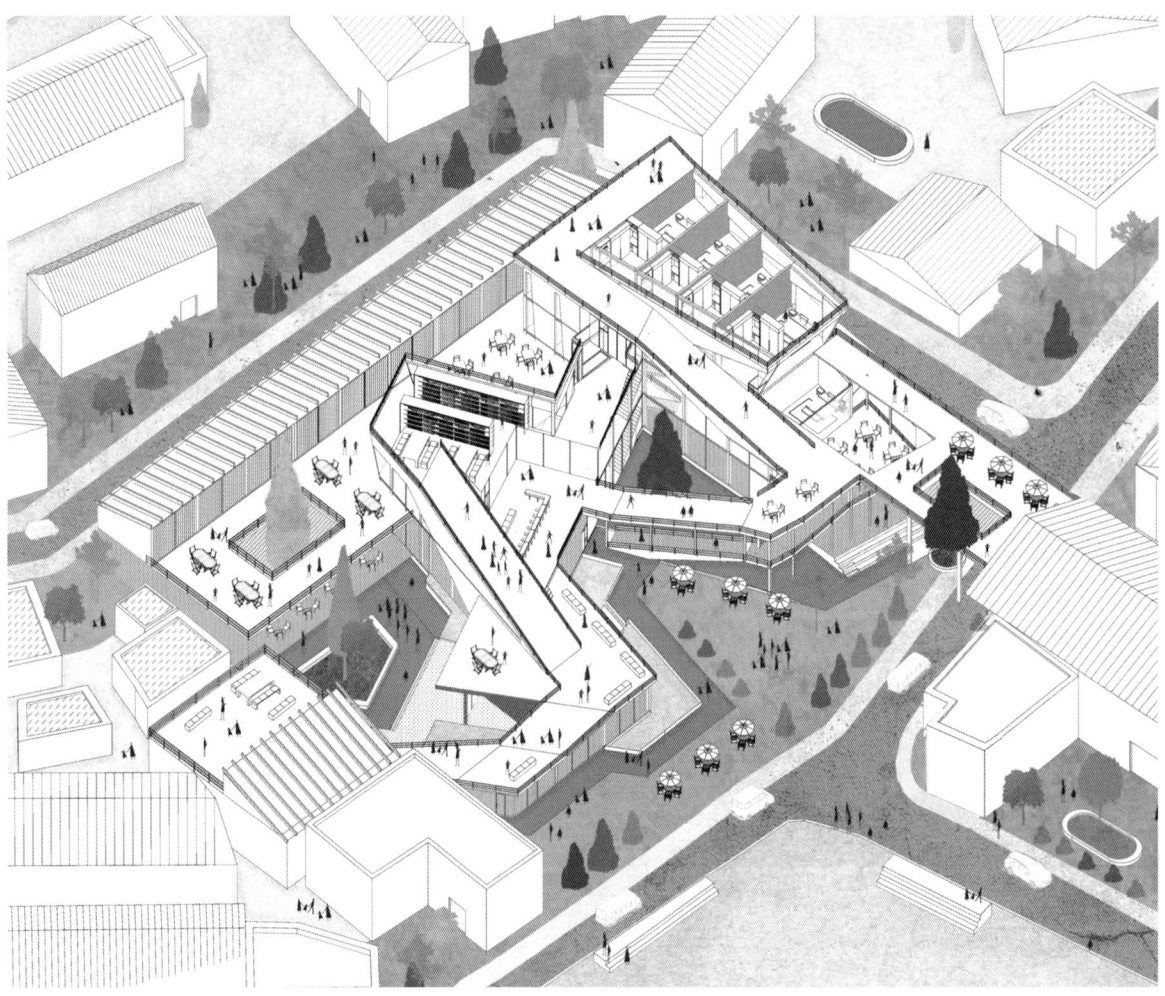

大学生心理健康

——艺术心理疗愈的理论与实践

刘 迪

20

一、课程简介

本课程面向大一学生授课，自 2012 年大学生心理健康课程作为公共必修课开展教学以来，共有 9 届学生接受教育。2019 年课程负责人受邀赴教育部汇报我校艺术心理疗愈课程实践情况（全国仅 4 所高校）。大学生心理健康教育课程是一门集"知识、案例、体验和技能"于一体的公共课程。它不仅具有理论性，而且具有实践性和应用性。课程旨在让学生在掌握心理健康基本知识的同时，自己去体验、感悟、操作、实践，从而实现心理的成长、发展和飞跃。课程内容包括社会认知、自我意识、情绪调节、压力管理、人际交往、恋爱与性、生命意识等主题。

本课程在艺术院校开展，具有自身专业背景特色。开课以来，教研室一直基于艺术类大学生的特点，在探索大学生心理健康教育课程教学方法时，尝试采用项目化教学法。课堂教学以实践和体验为主，充分发挥艺术学生的特点和优势。结合课程开发的艺术心理疗愈，在处理学生情绪问题、拓展意识、改变自我认知、整合人格、改善不良行为与社会交往等方面有积极的效果。艺术心理疗愈对于艺术类大学生具有得天独厚的基础。将艺术心理疗愈的知识和技术融入课堂中，引导学生通过艺术方式调适心理、激发机体潜能，达到了帮助学生克服心理困惑、缓解情绪冲突、改善人际关系和提升自我意识等效果。

二、课程挖掘的思政资源分析

1. 通过心理健康课程把握思想政治教育的前瞻性和针对性

通过心理健康课可以及时了解学生的心理和思想实际，对大学生的心理特点和心理状态进行客观的分析研究，找准心理问题和思想问题的根本原因，把思政工作做到大学生的心坎上。针对学生的突出问题，及时开展心理调适。

2. 通过心理健康课程提升思想政治教育的实效性

思政教育要依据大学生的心理活动规律来进行，突出大学生的主体性和发展要求。同时，心理健康课程对学生的认知、情感、意志、态度的全过程展开教育，为思政教育创造了良好的心理条件，并在思政教育中形成科学的、行之有效的方法。

3. 通过心理健康课程实践活动提升个人价值和社会价值

课程实践志愿活动不仅有助于提升学生的人生经验和社会道德素质，还能够实现自己的社会潜能。

本课程采用"项目化教学"模式，以艺术心理疗愈项目为切入点，将心理健康教育与思想政治教育、艺术创作相融合，让学生主动参与、自主协作、探索创新。目前，课堂教学仍然是大学生心理健康课程的主渠道，课程实践志愿活动作为课堂教学的延伸与补充。心理育人与志愿公益，学术研究与实践活动双管齐下，开辟心理健康课程的实施路径。

本课程内容纳入艺术心理疗愈知识，将心理健康教育与思想政治建设相结合，引导学生调适心理的同时，带领学生开展社会志愿服务。组织学生赴淳安、丽水、贵州黔东南苗族、侗族自治州等地，帮助留守儿童、特殊儿童促进心理成长，开展艺术心理疗愈志愿服务；赴浙江美术馆、杭州城区街道、社区、学校，广泛开展艺术心理疗愈公益活动。服务团队获评为全国大中专学生"三下乡"暑期社会实践优秀团队；课程延伸的艺术心理疗愈项目在省青年志愿服务项目大赛和省"挑战杯"创新创业大赛、杭州市公益创投项目中均取得优异成绩。今年又入围浙江省"挑战杯"决赛，课程老师获浙江省教育系统"最美志愿者"称号，成为首批浙江省志愿服务理论专家。《艺术教育》杂志对我校艺术心理疗愈项目做了专访，人民网、浙江卫视、《浙江日报》等媒体给予了艺术心理疗愈项目大篇幅的报道。此外，大量的学生通过艺术心理疗愈项目得到茁壮成长，近年来相继有学生入围"全国大学生年度人物""自强之星""校年度人物"等评选。

三、案例课信息

（一）教学目标
1. 价值目标
深化自我认知，悦纳自我。

2. 知识目标
了解自我认知的必要性。

3. 能力目标
通过学习自我认知，认识并觉察认知与自我的关系。

（二）教学内容
1. 课堂设计思路
通过艺术疗愈体验，让学生在创作中对自我有进一步觉知。

2. 教学重点
学会理解自我。

3. 教学难点
深度觉察自己关系中的认知。

4. 对重点、难点的处理

通过艺术疗愈技巧引导学生自我觉察。

（三）教学方法

1. 教学过程

导入新课——授课教师通过指出学生日常生活中内心想法与实际行为的不同，引起学生的关注和思考，以哲学家苏格拉底和思想家蒙田关于认识自我的话引出本节课主题"大学生的自我意识"。

讲授新课——授课教师讲授自我意识的性质，并通过向同学介绍纪伯伦和丰子恺的经典论述，表达用艺术的方式探索自我的重要性与优势。授课教师向学生讲授交互投射故事探索自我的方法。

巩固练习——授课教师带领学生体验交互投射故事探索自我的方式，加深学生对该方法的印象和记忆，以互动体验为例来进行教学。

归纳总结——授课教师以学生基于交互投射故事法的创作，让学生进行分享与交流，并对内容加以概括与归纳。

2. 教学方法

体验法、讨论法

3. 教学活动设计

运用绘画疗愈中的交互投射故事统合法进行教学活动，让学生先创作，再分享，在体验中探索自我，认识自我。

（四）教学评价

本堂课将艺术心理疗愈的知识和技术融入课堂中，引导学生通过艺术方式调适心理、激发机体潜能，达到了帮助学生提升自我意识等效果。

（五）教学创新

将艺术心理疗愈的技术融入课堂中，通过体验让学生进行自我意识的觉醒。

（六）课程思政的理念与内涵

自我意识涵盖了哲学、心理学、社会学等学科内容，每个人自我意识的形成都不仅是个体内部思想或精神活动的产物，还会受到外部社会环境的极大影响，或者与社会集体价值观念进行互动，最终不断发展成为具有主观立场的意识。所以，自我意识包括个体思想价值准则意识、社会价值实现意识、国家价值信仰意识等内容，既是对自我成长环境的感知，也是对自我政治信仰、道德理念及社会价值的认同与实现。

（七）思政元素挖掘与思政素材选取

心理学从哲学而来，在艺术中显现。本堂课将自我意识与艺术疗愈结合，以哲学思想作为导引，在心理课程中挖掘思政元素。

自我意识作为个体对自身内外部状态的认知和体验，不仅包含自我思维、情感、意志力等内在的意识，还包括自我在社会中的环境意识、专业能力意识、发展意识，多种个体内部与外部意识的共同作用可以促进不同主体思想价值观念、审美与人格、感受体验能力等的塑造。

大学生自我意识的不断发展与强化，主要在高校或社会环境中，受到外部要素、内部思想观念的影响，使主体不得不重新审视自己，包括对自身思维观念、专业理论与技能学习、外部行为活动、意志力等做出全方位的客观审视与评价。这一整个对自己身心状态的审视、评估与发展的流程，也就是大学生自我意识形成、合理运用的过程。刚刚步入青年发展阶段的大学生，其思想观念、自我意识的养成还不稳定，容易受到外部价值理念、环境因素的干扰，发生自我意识认知不清、价值观迷失等情况，所以需要通过引导教育，对学生的自我意识、心理认知和外在行为，做出合理的调控与纠正，才能保证大学生自身价值信仰、主观能动性的形成与发展。因此，课程选取自我意识作为主题，带领学生去觉察和感知自我，提升学生在社会活动中的自我价值实现意识。

（八）专业知识与思政元素的有机融合

自我认知是自我意识的组成部分，是对自我身心特征的认识，对心理健康起着重要影响，直接关系到个人健全人格的建立。大学生的自我意识状态关系着他们对自我价值观的认知，也关系到高校基于此制定合理的思想政治教育模式，对大学生主流意识形态认同具有重要影响作用。因此，高校思政教育应在尊重大学生成长规律与把握青年大学生自我意识状况的基础上进行思考和探索。

自我意识的第一本质特征就在于它的实践性，在实践中可以充分调动自我意识的主体性。本课从心理关怀视角出发，结合体验活动，构建了关怀实践教育模式，为大学生提供别开生面的成长经验，让他们在实践中客观评价自我。

责任编辑：徐新红

封面设计：蒋可炘

整体设计：许　兵

责任校对：杨轩飞

责任印制：张荣胜

图书在版编目（CIP）数据

塑心炼课 : 中国美术学院课程思政优秀教学案例 /
陈正达主编. -- 杭州 : 中国美术学院出版社，2024.6
　ISBN 978-7-5503-3137-2

　Ⅰ. ①塑… Ⅱ. ①陈… Ⅲ. ①高等学校－思想政治教
育－教案(教育)－中国 Ⅳ. ①G641

　中国国家版本馆CIP数据核字(2023)第197083号

塑心炼课

——中国美术学院课程思政优秀教学案例

陈正达　主编

出 品 人：祝平凡

出版发行：中国美术学院出版社

网　　址：http://www.caapress.com

地　　址：中国·杭州南山路218号　邮政编码　310002

经　　销：全国新华书店

制　　版：杭州真凯文化艺术有限公司

印　　刷：杭州捷派印务有限公司

版　　次：2024年6月第1版

印　　次：2024年6月第1次印刷

开　　本：889mm×1194mm　1/16

印　　张：10

字　　数：250千

印　　数：001—500

书　　号：ISBN 978-7-5503-3137-2

定　　价：98.00元